馬國瑤著

文史哲學集成

荀子政治理論與實踐

文史哲出版社印行

國家圖書館出版品預行編目資料

荀子政治理論與實踐 / 馬國瑤著. -- 初版. --
臺北市 : 文史哲, 民 85
面 ; 公分. --(文史哲學集成 ; 349)
ISBN 957-547-977-7 (平裝)

1.(周) 荀況 - 學術思想 - 政治

121.27　　84011084

文史哲學集成 ㉞349

荀子政治理論與實踐

著　者：馬　國　瑤
出版者：文　史　哲　出　版　社
登記證字號：行政院新聞局局版臺業字五三三七號
發行人：彭　正　雄
發行所：文　史　哲　出　版　社
印刷者：文　史　哲　出　版　社
台北市羅斯福路一段七十二巷四號
郵撥〇五一二八八一二彭正雄帳戶
電話：三五一一〇二八

實價新台幣二四〇元

中華民國八十五年十月初版

ISBN 957-547-977-7

敘言

梁任公有言：「荀子與孟子，同爲儒家大師，其政治論之歸宿點全同，而出發點則小異。孟子信性善，故注重精神上之擴充；荀子信性惡，故注重物質上之調劑。」（先秦政治思想史）蓋孟子以爲人心皆有善端，人人若能擴而充之，則彼我人格相接觸，遂形成普遍圓滿之人格，故曰「苟能充之足以保四海」，此爲孟子政治哲學總出發點。荀子以爲「人生而有欲，欲而不得，則不能無求，求而無度量分界，則不能不爭，爭則亂，亂則窮，先王惡其亂也，故制禮義以分之，以養人之欲，給人之求，使欲必不窮乎物，物必不屈於欲，兩者相持而長，是禮之所起也。」（禮論篇）此荀子之政治論也。太史公曰：「孟子荀子之列，咸尊夫子之業而潤色之，以顯學於當世。」（史記儒林傳）夫子之業者，仁而已矣。仁之內涵，曰內聖曰外王。孟子承內聖之業而重主體之心性；荀子繼外王之業而重客體之禮義。主體客體並行，才是孔子仁學的理想。

荀子生於戰國末季，當此之時，聖王之道息，詐力之術行，征戰不已，生靈塗炭，天下亂象，已至不可收拾。荀子目睹時艱，亟思匡正之道，並透過其敏銳之觀察，以人性果眞爲善，則惡由何而來，社會既然充斥强凌弱，眾暴寡之局面，可證人性未必盡善，故須由外作之禮義法度，與聖君明王之敎誨，方能化民成俗，歸於至治。故王先謙云：「荀子論學論治，皆以禮爲宗，反復推詳，務明其指趣，爲千古修道立敎所莫能外。」（荀子集解序）是以荀子修道立敎，旨在明禮達用，期以撥亂反正。荀子所說的禮，其範圍至爲廣大，上自人君治國之道，下至個人立身處世之則，乃至飲食起居的細節，莫不涵攝。禮不但是言行之準繩，亦且爲思想的指標。既是處理社會現象的憑籍，亦爲應付自然環境的依據。故荀子所說的禮，包羅着言行的各種規範，可以說是一切規範的總稱①。所以政治自亦涵攝在禮義之內，非禮義之外別有政治。故禮論學說，就是荀子政治理論的基礎。荀子的政治基本理論，簡括言之，即是「厚德音以先之，明禮義以導之，致忠信以愛之，尚賢使能以次之，爵服慶賞以申之，時其事，輕其任，以調劑之，長養之，如保赤子。」（議兵篇）此可視爲荀子的政治綱領。而執行此一重責大任之人，悉歸於聖君明王，循此綱領，透過禮治、法治、群治、民本四者，貫串而成之政治原理，作爲治術之張本。

近世以來，治荀學者夥乎眾矣。或重在文字之考訂校釋，或重在學說之義理推闡。前者以王先謙集解，爲清儒集大成之作。民國以來，考訂校釋者層出不窮，如梁啓雄先生之荀子柬釋，王忠林先生之新譯荀子讀本，熊公哲先生之荀子今註今譯，李滌生先生之荀子集釋，北大哲學系之荀子新注，咸能集諸家考訂校釋之長，以成一家之言，彌足珍貴。後者在荀子學說全面析論方面，民國三十八年以前之著作，在本文第一章第四節中已敍列，其後自牟宗三先生的荀學大略，陳大齊先生的荀子學說，問世之後，相繼推出之研究不下十餘種，蔚爲大觀。而荀書包羅宏富，舉凡哲學、政治、社會、經濟、教育、軍事，以及邏輯、心理②等，無不兼賅。宏觀的探討，固有其必要，而微觀的剖析，尤有助於對荀子學說的深入了解。筆者浸潤於荀學蓋有年矣，惟以獲益雖多而創見愧少，故罕所闡發。茲者，謹就平日研讀所得之關乎政治者，彙成一文，題爲荀子的政治理論與實踐，就教於方家，以爲進學之基礎。

本文除敍言與結論外，分爲五章。第一章荀子傳略，先分析其生平事略及其書之流傳，以究明其所處之時代環境，及其個人之活動，探索其政治思想的背景與各代的研究概況。第二章荀子的政治理論基礎，由其崇禮思想以探討其禮學思想淵源，禮的範疇與功用，進而分析其「禮義之統」的內涵，隆禮義、法王後、知統類的意義，以及「天生人成」理論構成的原因所在。第三章荀子的政治原理，分析其由禮治、法治、群治、民本四者構成的原理原則：禮之顯現，以分、養、節爲基礎；法乃典章制度，政令法規之總名，爲實現禮之準繩；群以分爲基礎，依人之才智高下，決定其在人群中所處之分位，以構成合理的社會組織，達到至平的境界；民爲政治之主體，分析民本思想的義界，承傳以及內涵，以明瞭其民本思想的眞義所在。第四章荀子的政治方術，分六節敍述：首言善群四統爲施政的必要性；次言人君爲政應以修身、愛民，任賢爲要務，三言人臣之品第，事君原則及卿相輔佐與治亂之關係；四論王道與霸政之分野，分析荀子重王賤霸之意旨；五論富國裕民之道，首重發展農業，次及振興工商之理論與方法；末論軍事目的，兵學思想淵源，用兵之道，將帥素養及其用兵之主張。第五章荀子政治思想對後世影響，括而論之，直接形成秦法，間接影響漢政。

本文之撰作，首先採歷史研究法，藉以瞭解荀子學說的時代背景，從其學說淵源，以探討其政治理論的基礎。其次分析荀書內容，以辨其涵義，期瞭解其各項政治原理原則與具體措施的眞意所在。至本文論述重點，特須申說者有三：一是荀子學說即以禮爲中心，則其政治理論乃禮學思想的延伸，故其政治思想以「禮義之統」爲最高指導原則，以「天生人成」爲發揮禮義功效的方法，其目的是將「禮義之統」運用在社會政治事務上，達成經國定分，正理平治的理想。二是荀子的政治原理是「禮義之統」的具體化，故本文就其禮治、法治、群治、民本等方面，分別加以深入探討，以明其原理之構造與運用方法，並爲貫串，使成系統，以爲治術之所本。三是荀子的政治方術，荀子論學主辨合符驗，且能切中時弊；論治不僅提出很多原理原則，且有很多具體措施，其散見於全書各篇者，均盡其可能予以歸納，務使其理論與方法並見，以彰顯其不務空談。至於荀子政治學說對後世影響，譚嗣同說：「二千年之政，皆秦政也，……二千年之學，皆荀學也。」此雖爲感慨之言，然試觀秦漢以來之政治傾向，幾乎都與荀學相合，足見其言之非虛也。

本文撰寫期間，多蒙師友之教誨與督勉，乃得成篇，惟以撰者學植疏淺，故雖勉力以赴，恐疏漏仍多，博雅君子苟有一言之教，自亦捧手企禱者也。

【附註】

①陳大齊　荀子學說頁一四〇。

②饒　彬　六十年之國學荀子之部頁二五七。

凡例

一、本文凡直接引用荀書原文者，即在引用之章句下加括號註明其出處。

二、凡引用荀書註釋者，另作旁註，以明其出處。

三、凡引用經、史、子、集之原文者，均在引文之下加括號註明其出處。

四凡直接引用他人論著，或參照文意而以己文出者，附註原書頁數。

荀子政治理論與實踐

目錄

第一章　荀子傳略

第一節　荀子的生平及其書之流傳

荀子生平事蹟，史記孟子荀卿列傳與劉向孫卿新書敍錄，爲最早之記載。史記成書，距離荀卿較近，應爲信史，而劉向校對群籍，聞見廣博，故其新書敍錄所載，當亦近實，茲將兩書記載，並錄於后。

史記孟子荀卿列傳：

荀卿、趙人。年五十始來游學於齊。騶衍、田駢之屬皆已死齊襄王時①，而荀卿最為老師。齊尚脩列大夫之缺，而荀卿三為祭酒焉。齊人或讒荀卿，荀卿乃適楚，而春申君以為蘭陵令。春申君死，而荀卿廢，因家蘭陵。李斯嘗為弟子，已而相秦。荀卿嫉濁世之政，亡國亂君相屬，不遂大道，而營於巫祝。信禨祥，鄙儒小拘如莊周等，又滑稽亂俗，於是推儒墨道德之行事，興壞序列，著書數萬言而卒，因葬蘭陵。

一代大賢，其生平事蹟，僅以三百餘字概括，豈非憾事?!

劉向孫卿新書敍錄：

孫卿、趙人、名況。方齊宣王、威王之時，聚天下賢士於稷下，尊寵之。若鄒衍、田駢、淳于髡之屬甚衆，號曰列大夫，皆世所稱，咸作書刺世。是時，孫卿有秀才，年五十始來游學。諸子之事，皆以為非先王之法也。孫卿善為詩、禮、易、春秋。至齊襄王時，孫卿最為老師，齊尚修列大夫之缺，而孫卿三為祭酒焉。齊人或讒孫卿，孫卿乃適楚，楚相春申君以為蘭陵令。人或謂春申君曰：「湯以七十里，文王以百里，孫卿賢者也，今與之百里地，楚其危乎！」春申君謝之，孫卿去之趙。後客或謂春申君曰：「伊尹去夏入殷，殷王而夏亡；管仲去魯入齊，魯弱而齊强；故賢者所在，君尊國安。今孫卿天下賢人，所去之國其不安乎！」春申君使人聘孫卿，孫卿遺春申君書，刺楚國，因為歌賦以遺春申君。春申君恨，復固謝孫卿，孫卿乃行，復為蘭陵令。春申君死，而孫卿廢，因家蘭陵。李斯嘗為弟子；已而相秦。及韓非號韓子，又浮丘伯，皆受業為名儒。孫卿應聘於諸侯，見秦昭王，昭王方喜戰伐，而孫卿以三王之法說之。及秦相應侯，皆不能用也。至趙，與孫臏議兵於趙孝成王前，孫臏為變詐之兵，荀卿以王兵難之，不能對也。……孫卿後孟子百餘年，……孫卿卒不能用於世。著孫子三十二篇。老於蘭陵。

劉向之說，雖略詳於史記，但對荀子生平如生卒年月，重要經歷，也有語焉不詳之失。惟由前述兩則記載，可知荀子終生在仕途上並未受大用，但其學術地位崇高，孟子荀卿並稱，同爲儒學大師，信非偶然。至其生平事蹟，後世學者衆說紛云，特於下兩節敍述。

第二節　荀子的時代背景

荀子的時代，因其生卒之年，迄無定論，故自清儒汪中荀子年表以來，爲荀子作大事年表者甚多，惟多屬略約之詞。不過在各家聚訟紛紜之中，張其昀先生斷定荀子一生的事蹟，約在西元前三二一年至前二三四年之間，約一百餘年之內，應該比較近實②。此段時間，也大致涵蓋自梁啓超以來迄蔣伯潛等各家考證的荀子生卒年之時段在內③。這段時間，介乎戰國中期與末期之間，正是我國歷史上變動最劇烈的時代。六國相互攻伐，各自擴張其勢力；秦國力謀東進，實現其統一中國的策略。因此，荀子所處的是一個極端混亂的時代。茲試從政治、經濟、社會、學術四方面，探討其所處的時代背景。

一、政治混亂

春秋之時，王權雖已失守，天下諸侯，猶有嚴格的分際，天子爲諸侯之共主。諸侯之間，還有尊王攘夷的呼聲，周天子多少還維持一些形式上的尊嚴。但到了戰國時代，封建制度崩潰，國家的綱紀，君臣的名分，王室的尊嚴，俱已蕩然無存了。代之而起者爲中央集權的郡縣制度之國家。封建、宗法、井田等所有維持舊有政治、社會、經濟之工具，皆已破壞無遺，其時只是一個諸侯割據，戰禍頻仍的局面④。各國以軍事第一，富强爲務，所謂仁義道德，已被視爲迂濶，社會已經零亂不堪了。荀子生當這樣一個併大兼小，流血盈野的時代，所見所聞，只是諸侯間的兼併局面。在這樣一個政治現實環境刺激之下，於是他主張治國安邦，惟才是用。荀子說：

> 雖王公士大夫之子孫也，不能屬於禮義，則歸之庶人；雖庶人之子孫也，積文學，正身行，能屬於禮義，則歸之卿相大夫。（王制篇）

在政治方面的希望，是任用賢人，所謂「賢能不待次而舉，罷不能不待須而廢」（王制篇）。另一方面，在軍事上，主張仁義之兵。故說：

仁人之兵，所存者神，所過者化，若時雨之降，莫不說喜。（議兵篇）

所謂「仁人之兵」，所實行的就是「王者之志」。又說：「彼兵者，所以禁暴除害也，非爭奪也。」（議兵篇）這是荀子對當時政治的反應。可惜並未受到時君的重視。

二經濟蕭條

諸侯連年攻伐，互相兼併，兵革不休，其結果必然是國力枯竭，經濟蕭條，民生困苦。形成這種現象的原因固然很多，但以戰爭的影響最大。一方面是壯丁被強征服役，因離家死傷而減少人口的增殖率。秦、趙長平一役，趙國的士兵被坑殺者，多達四十餘萬之衆，此即顯著之一例⑤。另一方面，年輕力壯者既去服兵役，土地無人耕種，導致農田荒廢。次則、雨水不調，種收失時，官府苛捐雜稅倍增，人民焉得不受凍捱餓，因此要維持生命存活，實非易事。荀子對當時政府魚肉人民的狀況，也略有描繪，荀子說：

今之世而不然：厚刀布之斂，以奪之財；重田野之賦，以奪之食；苛關市之征，以難其事。不然而已矣；有掎絜伺詐，權謀傾覆，以相顛倒，以靡敝之。（富國篇）

由於政府對人民橫征暴斂，刁難其事，使財貨不得流通。人民生活困苦之情狀，可見一斑，而較早於荀子約五十餘年的孟子，對於當時的民生慘相，却有眞切的描述。他說：「庖有肥肉，廐有肥馬，民有饑色，野有餓莩，此率獸而食人也。」（梁惠王上）又說：「狗彘食人而不知檢；塗有餓莩而不知發。人死，則曰：非我也，歲也。是何異於刺人而殺之，曰：非我也，兵也。」（同上）又說：「彼奪其民時，使不得耕耨，以養父母；父母凍餓，兄弟妻子離散。」（同上）荀子在這樣一個民不聊生的情況之下，於是主張「節用裕民」的致富之道。他說：

輕田野之賦，平關市之征，省商賈之數，罕興力役，無奪農時，如是則國富矣。（富國篇）

上下俱富，而百姓皆愛其上，人歸之如流水，親之歡如父母。（富國篇）

這種「裕民」思想，與管子「倉廩實而知禮節，衣食足而知榮辱」及孔子以富民爲先的思想，在觀念上應該是一致的。

三、社會失序

戰國的社會紊亂，道德衰敗的原因，一方面由於長期戰爭的破壞，乃致民不聊生。孟子嘗云：「今也制民之產，仰不足以事父母，俯不足以畜妻子；樂歲終身苦，凶年不免於死亡；此惟救死而恐不贍，奚暇治禮義哉？」（梁惠王上）在這樣困苦的生活環境之下，人民活命都成問題，那裡還有閒情去談仁義道德？

再者，古代先民視天神上帝為主持人間是非公道的救星，但自春秋以來，經過長期的動亂，形成善惡不分，是非不明、正義不申的强權社會，於是人們懷疑天神的存在，不相信有公理正義，因此，對於道德的重視，也就日趨冷漠了。如此一來，社會秩序焉有不亂之理？

另一方面，到了戰國，各國走向中央集權，實行個人專政，他們為了完成新的目標，迫切需要人才，故各國諸侯，競相禮賢下士，破格用人，於是平民下士。得以憑藉其智術，參與實際政治。只是這些人大都是處士橫議的游說之士，而非仁義之行的儒士，他們合縱連横，朝秦暮楚，追求個人的富貴利祿，沒有理想標準⑥。荀子處在這樣一個缺乏道德仁義的時代，自然要大聲疾呼，倡導治人。荀子說：

> 有治人、無治法，……得其人則存，失其人則亡。法者、治之端也；君子者，治之原也。故有君子，則法雖省，足以徧矣；無君子，則法雖具，失先後之施，不能應事之變，足以亂矣。（君道篇）

荀子所說的治人，就是君子、聖人，聖人能制作治法，治法必待聖人維護推行，有了治人（聖人）便足以為治。因為聖人人格至備全盡，所以他要强調道德人格，在政治上的重要性，自然要鄙棄縱横之術了。

四、學術發達

周室東遷，王官失守，諸侯僭竊，禮壞樂崩，學術失馭，官書流落民間，平民得書力讀。才俊之士輩出，他們面對時代的課題，著書立說，彼此問難，學術越來越興盛，於是開啟了百家爭鳴的局面。

到了戰國時期，王孫貴族，無法維持其固有地位，喪失了世襲的貴族階級，淪爲平民者，比比皆是。此時應運而崛起之平民，却因阿君之好，或君用其才，風雲際會，凌駕貴族之上，得以舒展鴻志，實現其獨見的理想，故有「朝爲布衣，夕爲卿相」之美談。班固云：「時君世主，好惡殊方，是以九家之術，蠭出並作，各引一端，以此馳說，取合諸侯。」（漢書藝文志諸子略敍）因爲功名利祿之誘惑，世人趨之若騖。由於敎育之普及民間，才俊之士，各家以其天賦睿智，加以時運之濟，諷議時政，遊學諸侯。各是其所是，非其所非，莫不持之有故，言之成理，此即所謂布衣馳說之秋，處士橫議之際者也。

荀子處在這樣一個時代，眼看着百家爭鳴，衆說紛紜，陳義雖高，却都有所蔽，其所持之學說，都是蔽於一曲，一偏一隅，自然不足以盡道。因此他主張隆禮義，法後王，知統類，爲其治理天下之最高標準。在此以禮爲最高標準之下，非議諸子。荀子說：

假今之世，飾邪說，文姦言，以梟亂天下，矞宇嵬瑣，使天下混然，不知是非之所在者，有人矣。（非十二子篇）

這則言論，是對諸子的總評。荀子以爲，邪說姦言，使是非不明，乃致天下混亂，所以他對百家爭鳴，衆說紛陳的看法，都是蔽於一曲，一偏一隅，皆不足以盡道。他一面攻擊百家，又要兼治其學，目的在於建立一套完整統一，根本思想學問⑦。所以他對反儒家思想者，均能一一施予有力的反擊。

第三節 荀子的遊歷際遇

荀子生平事蹟，史記本傳及劉向敍錄所記，皆語焉不詳，後人雖多考證，但人言言殊，各有所見，所以他的生卒之年，已無法得到確論。根據胡適所定荀子年表，以齊王建元年爲始，記載其生平主要事蹟，始於西元前二六五年至二三〇年左右，在此三十五年之間，較爲接近當時事實眞象之推斷⑧。此外，羅根澤荀卿遊歷年表，有關荀卿遊歷事蹟之推論結果，大致與胡氏相同。至於荀子的遊踪，史記本傳及劉向敍錄，僅記曾遊齊、楚，而不及秦、趙，但荀書記述，則有遊秦遊趙之事，應爲無可疑者。玆據現有資料，探討荀子的遊歷與際遇。

一、聘問於秦

荀子遊秦，史傳雖無記載，而荀書却有描述。儒效篇云：

秦昭王問孫卿子曰：「儒無益於人之國？」孫卿子曰：「儒者法先王，隆禮義，謹乎臣子而致貴其上者也。人主用之，則勢在本朝而宜；不用，則退編百姓而愨；必為順下矣。雖窮困凍餧，必不以邪道為貪。無置錐之地，而明於持社稷之大義。嗚⑨呼而莫能之應。然而通乎財萬物，養百姓之經紀。勢在人上，則王公之材也；在人下，則社稷之臣，國君之寶也。」……昭王曰：「善！」

荀子處於戰國末世，縱橫之說盛行，諸侯以富國强兵爲務，相攻益厲。而荀子以儒學遊說虎狼之秦，不爲所用，乃必然之事。彊國篇也載有和應侯答問之事。應侯問其入秦何見？荀子先讚其山川之美，官吏公而忘私，朝廷辦事迅速。繼則評其無儒。以荀子的標準，無儒卽無禮義，荀子是以禮義爲治國之本的。不諱言其所短，是本於一個理想的標準，這個標準就是儒者的精神。稱美秦國的優點，是本於「是爲是，非爲非」的認知態度。荀子雖稱美秦國的强盛，但其基本精神，則與强秦格格不入。因爲荀子所堅持的理想和抱負，也不可能在一個極權國家施展，於是他只有離開秦國了。

至於荀子何時遊秦，史記本傳沒有記載，劉向敍錄雖有記載，但未標明年代，羅根澤說荀子遊秦是在五十歲遊齊以前之事，所持理由有二⑩：

1史遷云荀卿五十遊齊，「齊人或讒荀卿，荀卿乃適楚。」再依劉向敍錄，荀卿由楚到趙，由趙又返楚，及春申君死，雖至廢死，而葬蘭陵。假如無法推翻這些記載，則遊秦必在遊齊之前，因爲自遊齊以後，遊歷的路程極顯明，却未曾遊秦國。

2史遷云范睢拜相爲應侯在昭王四十一年。荀卿入秦見應侯，當然不能早於昭王四十一年之前。昭王四十一年爲周赧王四十九年，當西元前二六六年。他向應侯說秦國「四世有勝，非幸也？數也。」（彊國篇）的確，秦自孝公至昭王爲四世，迭次戰勝六國諸侯；但昭王五十年，秦兵圍邯鄲，楚春申君將兵救之，秦軍却遭慘敗。荀子說「四世有勝」的時候，似乎還未見到邯鄲之戰，則遊秦時間最遲不能在昭王五十年之後。昭王五十年爲周赧王五十八年，當西元前二五七年。荀子遊秦當在齊王建時。齊王建立於秦昭王四十三年，其元年前後，正是應侯當國的時候。至齊王建八年，秦兵卽敗於邯鄲，荀子在齊三爲祭酒，必有相當的時間，若於遊齊以後到秦，卽在邯鄲之戰以後，不應當說「四世有勝」，如斷爲遊齊以前，則符合若節⑪。

羅氏所定荀子遊歷年表，在時間上與胡適所定年表，大致相同，因爲自遊齊以後，遊歷的路程中沒有秦國，可知遊秦必在遊齊之前。

二、遊學於齊

史記本傳和劉向敍錄，都說荀子年五十始來遊學於齊，應劭風俗通義窮通篇則說年十五始來遊學。晁公武郡齋讀書志謂史記所云年五十爲十五之譌。而汪中荀子通論又據顏氏家訓勉學篇所記，荀卿年五十始來遊學，以爲之推所見史記古本如此，未可遽以史記爲譌。

近人劉師培云：「史記、風俗通義及本篇（指劉向敍錄）均云『始來遊學』，審其辭義，蓋以荀卿爲晚學，卽顏氏家訓所云『荀卿年五十始來遊學，猶爲碩儒也』。若果五十作十五，則與始來遊學之文辭氣弗符，乃通義刻本之誤也。」⑫其次認同五十之說的，還有胡適，他說：「不知本又說的『年五十始來游學』，這個始字含有來遲了的意思。若是年十五，決不必用『始』字了。」⑬此外，羅根澤說：「史記、劉向敍錄都說是五十，唯有東漢應劭才在他的風俗通義窮通篇裏說是『十五』。考古有兩信條：一愈古的材料愈有價值。二證據愈多愈可信任。準此而言，我們應當信史記和敍錄，不應當信風俗通義。」⑭。

胡元儀以爲「年十五是也。」⑮游國恩曰：「荀卿年十五始來游學於齊。按十五，司馬遷及劉向都作五十，惟應劭風俗通義窮通篇不誤。」⑯梁啓超亦曰：「年五十之文，風俗通義作十五，似較近眞。今本史記及劉向敍錄傳寫之譌耳。」⑰錢穆氏也以爲「荀卿至齊爲十五之年。」⑱

以上「五十」「十五」適齊之說，均似持之有故，言之成理，但均無直接證據，故當以去古較近之史記爲說，附和羅根澤之考古兩信條，認定五十始來遊齊爲近是也。

至於荀子遊齊的年代，胡適以爲史記孟子荀卿列傳「齊襄王時」四字當連上文，讀作「騶衍田駢之屬皆已死齊襄王時」，則遊學於齊，就不在齊襄王時稷下諸子正盛之時，胡氏以爲大概在齊襄王之後，西元前二六五至二六〇年間。羅根澤亦以爲當齊王建初年。齊王建元年爲西元前二六四年。在此期間，曾三爲祭酒，並勸說齊相。彊國篇云：

荀卿子說齊相曰：處勝人之勢，行勝人之道，天下莫忿，湯武是也。處勝人之勢，不以勝人之道，厚於有天下之勢，索為匹夫不可得也，桀紂是也。然則得勝人之勢者，其不如勝人之道遠矣。夫主相者，勝人以勢也，是為是，非為非，能為能，不能為不能，併己之私欲，必以道夫公道通義之可以相兼容者，是勝人之道也。今相國上則得專主，下則得專國，相國之於勝人之勢，亶有之矣。然則胡不敺此勝人之勢，赴勝人之道，求仁厚明通之君子而託王焉，與之參國政，正是非；如此，則國孰敢不為義矣。

荀子勸齊相任用「仁厚明通之君子」，以行「公道通義」的「勝人之道」，而此「仁厚明通之君子」，當然包括荀子自己在內；但並未獲得重用，其懷才不遇的心情，是可以想像得到的。

三、仕宦於楚

荀子去齊適楚，有兩種說法：一是根據史記本傳，荀子由齊至楚爲蘭陵令，祇有一次。另一說是根據劉向敍錄，荀子兩次至楚。先是由齊入楚爲蘭陵令，因受讒乃離楚赴趙，後春申君使人來聘，又行入楚，復爲蘭陵令。

後世各家考證，也有兩種主張。主張前一說者，如汪中認爲荀子自爲蘭陵令，至春申君死，凡十八年，期間未曾離楚適趙⑲。梁啓超也認爲荀子至楚只有一次，並據史記春申君列傳，楚考烈王元年，以黃歇爲相，封爲春申君。春申君相楚之八年，以荀卿爲蘭陵令。春申君相楚之二十五年，考烈王卒，李園伏死士刺春申君，其時荀子尚在⑳。按楚考烈王八年，卽是齊王建十年，西元前二五五年。楚考烈王二十五年，也卽西元前二三八年。胡適以遊楚爲蘭陵令，當在西元前二五〇年至二三八年㉑。姜尙賢也以爲荀子至楚爲蘭陵令，在楚考烈王八年，而荀子卒年，則在楚考烈王二十五年之後㉒。上述各家對荀子遊楚爲蘭陵令的考證，都是根據史記，所見大致相同。

羅根澤根據劉向敍錄，以荀子前後二次至楚爲蘭陵令。第一次是由齊適楚，在楚考烈王八年，後由楚適趙，與臨武君議兵於趙孝成王前，然後由趙再返楚，復爲蘭陵令，其時間則至遲是趙孝成王卒年，當西元前二四五年㉓。與以上各家相同，祇是他認爲荀子留楚期間，曾一度返趙。其所持根據是戰國策楚策及劉向敍錄的記載。此二書都說：

> 客說春申君曰：「湯以亳，武王以鄗，皆不過百里，以有天下；今孫子天下賢人也，君藉之以百里勢，臣竊以為不便於君。如何？」春申君曰：「善」。于是使人謝孫子。孫子去之趙，趙以為上卿。」客又說春申君曰：「伊尹去夏入殷，殷王而夏亡；管仲去魯入齊，魯弱而齊强。夫賢者之所在，君其未嘗不尊，國未嘗不榮也。今孫子天下之賢人也，君何辭之？」春申君又曰：「善」。於是使人請孫子於趙。

按敍錄謂孫卿復爲蘭陵令，且終老於蘭陵，當然返楚無疑。只於他何時赴趙而又返楚，不能確知，他曾一度返回故國，在趙孝成王前議兵，荀子議兵篇已有記載，當為事實。然荀子乃當世大賢，在楚所任官職，祇是一個縣令，已經大材小用，委曲求全，而又曾一度因客言逼他去職；又因客言而用，要他從故國回來官復原職，亦是人情之所難堪者。

四、議兵於趙

荀子遊趙一事，史記雖未記載，然荀書議兵篇記述他在趙孝成王前議兵之事實，自可信以為眞，況戰國策楚策四及劉向敍錄皆云：「客說春申君曰：湯以亳、武王以鄗，皆不過百里，以有天下；今孫子，天下賢人也，君藉之以百里勢，臣竊以為不便於君。如何？春申君曰：善。于是使人謝孫子，孫子去之趙，趙以為上卿。」已足以說明荀子於仕楚後，曾一度返回趙國，是因為春申君因客言而疏離他，以致被迫返回趙國。至於返回其故國的確期，雖無法得知，但大概時間，根據羅根澤的考證，要在趙孝成王十一年（西元前二四五年）以後。羅氏云：

趙孝成王立於周赧王五十年，卽齊王建之紀元前一年，當西元前二六五年，卒於秦始皇二年，當西元前二四五年，在位共二十一年，荀卿是那一年來的，我們不得而知。但他由齊到楚的時候，是齊王建十年，楚考烈王八年，西元前二五五年，於時為趙孝成王之十一年，那末，返趙最早也當在十一年以後。（荀卿遊歷考）㉔

羅氏考證的結果，在各家考證之中，似乎較接近事實。此時，荀子已為當世有名的博學鴻儒，才有資格在趙孝成王前與臨武君論用兵之道。臨武君以「出其不意，攻其不備」的詭道，認爲善用兵者，在權謀勢利，攻奪詐變。荀子則强調善用兵者，在於「善附民」，所謂善附民，就是要得到老百姓的親近愛戴，然後才能上下通情，如此才是「攻戰之本」（議兵篇）的王者之兵，荀子從國防的根本問題上談兵事，以仁義爲主，以修政爲本，而歸結於「兼併易能也，惟堅凝之難焉」之名言，力陳心理與精神的因素的重要性。他說：

仁人之兵，王者之志也。仁人上下，百將一心，三軍同力……隆禮貴義者其國治，簡禮賤義者其國亂。好士者强，不好士者弱。愛民者强，不愛民者弱，政令信者强，政令不信者弱……彼兵者，所以禁暴除悍也，非爭奪也。故仁人之兵，所存者神，所過者化。（議兵篇）

由此，我們可以分辨，兵家與儒家的用兵態度，有根本上的差異。劉向敍錄云：「孫臏爲詐變之兵，孫卿以王兵難之，不能對也。卒不能用。」可見他在趙國，依然未受到重視。所幸不久之後，又應春申君之請，復爲蘭陵令。至於返楚確期，也不可考。羅根澤以爲荀子見過趙孝成王，則爲事實，趙孝成王卒於西元前二四五年，則荀子去趙返楚，至遲當在此年。所以荀子自返趙至去趙的時間，約在西元前二五五年至二三八年的十七年之間耳。

第四節　荀書的流傳

荀卿之學，以性惡為說，因之甚受誤解，漢武罷黜百家，獨尊儒術，荀卿亦在擯斥之列，故其學淹沒不彰。其書之流傳，亦未若孟子之盛。今就現有文獻記載，略述其書之流傳。

西漢時代，最早記述荀子書者，首推司馬遷之史記孟子荀卿列傳，史遷說：「推儒墨道德之行事，興壞序列，著書數萬言而卒。」只指出荀卿學術的源頭，未說明荀書的要點。其後，劉向典校群書，曾為荀書編輯，名之曰孫卿新書，其敍錄云：「孫卿……諸子之事，皆以為非先王之法也。孫卿善為詩、禮、易、春秋。」也只說明其書其學的範疇，而其要旨為何？並未提及。西漢末葉，大儒楊雄在其法言一書中論孔孟荀時，只言及荀子之學術地位，並未論荀書之內容，他說：「荀子非數家之書侻也。至於子思孟軻詭哉？曰：吾於孫卿與見同門而異戶也。」（君子篇）楊子以孔孟為同門，荀卿為異戶，說明荀卿非儒正宗也。

殆至有唐中葉，楊倞始為編次作注。闡釋精微，發皇甚多，以為後世研究荀書之典範。他在荀子序中，稱譽其人其書曰：「名世之士，王者之師」與「羽翼六經，增光孔氏」，可謂推崇備至，但也未能鉤玄提要，說明荀子學說的全部要旨。此外，韓愈嘗讀荀書，他說：「及得荀子書，於是又知有荀子也，考其辭，時若不粹，要其歸，與孔子異者鮮矣，抑獨在軻雄之間矣。」（讀荀子）韓氏所了解的荀書，只是「孟氏醇乎醇者也。荀與楊大醇而小疵。」（同上），總之楊倞之重荀，韓愈之疵荀，俱未就荀學之內涵而立論㉕。

宋人研究荀子的著述，據嚴靈峰周秦漢魏諸子知見書目荀子部分所載，計有十一種，其中七種註明未見或佚，故現實存者只有四種。這四種中，全書校釋如劉旦纂圖分門類題註荀子二十卷，龔士卨纂圖互註荀子，止此二種，其研究方法，偏重注釋。另外如錢佃荀子考異，洪邁荀子法語，前者偏重字句異同之考證，後者則節取荀書各篇重要字句，加以訓註。餘如北宋徐積之荀子辨、蘇軾之荀卿論、南宋唐友仲之荀子後序等論述，俱針對「性惡」之說，大加撻伐，而對荀子全部學說，並未鈎勒其要旨。

有明一代研究荀書的著述，就量言超過宋人甚多。以今所知，計有二十九種。其中今傳者只有十七種。在這十七種中，全書校釋者五種，如顧春校刻荀子二十卷，虞九章、王震亨訂正荀子二十卷，孫鑛荀子評二〇卷，孫鑛、鐘惺荀子評註二十卷，錢受益、鐘人傑之校訂荀子二十卷，其校釋方法，在前人校釋基礎上，雙行夾註之外，又圈點、眉評、音義，傍註等爲之。至其餘十二種之研究方法，多以節錄原文若干篇，或若干文句解說而成。如陸可教之荀子玄言評苑一卷，卽是節錄荀子原文二十五篇，雙行簡註、大抵取楊倞爲之，篇名之下間亦有注。圈點、眉批，傍註等，間引各家雜言，以成其說㉖。

清代以還，研究荀書者多，據嚴氏知見書目記載，清人研究荀子的著述，有四十三種，其中未見未刊者十三種，故今有著作可考者，止三十種㉗。其中校釋全書者首推謝墉荀子箋釋二十卷，依次爲王先謙荀子集解二十卷，吳汝綸荀子點勘二十卷三種，其中以王氏集解最爲精審。其餘二十七種，除汪中荀子通論，胡元儀荀卿別傳，前者考定荀卿學術淵源時代，後者補綴傳記而外，他如荀子韻讀，荀子詩說，荀子文粹，荀子雜志，荀子平議，荀子校語，讀孫卿子札記，荀子考異識誤等，因爲各有特定重點，故方法不同，玆舉王念孫荀子雜志爲例㉘，說明其研究方法：先摘錄荀子各篇重要文句，再引先秦、漢、魏典籍，楊注及盧文弨、汪中等校說，然後以詩文、廣雅等字書，校訂文字、文義，並附己見，以成其書。餘可觸類旁通。所以清儒對荀子的研究，貢獻很大。

民國初期學者，繼清儒之後，對於荀子一書，也曾作了相當的考證斠補工作，於今依然未輟。由於資料充沛，所以梁啓雄又集衆家之長而成荀子柬釋；自後王忠林新譯荀子讀本，熊公哲荀子今註今譯，李滌生荀子集釋，北大哲學系之荀子新注，相繼問世，各有其特殊之創見，實爲當今研讀荀子所必備的基本讀物。至於在思想學說全面研究方面，依其問世先後次序，可得下列：熊公哲荀卿學案，胡韞玉荀子學說，陳登元荀子哲學、陶師承荀子研究，楊大膺荀子學說研究，楊筠如荀子研究，劉子靜荀子哲學綱要，牟宗三荀學大略，陳大齊荀子學說，嵇哲荀子通論，韋政通荀子與古代哲學，姜尙賢荀子思想體系，周紹賢荀子要義，許鈞儒荀子哲學，鮑國順荀子學說析論，周群振荀子思想研究，魏元珪荀子哲學思想等，以上十七家之言，各有精闢之見，俱為研究荀學之結晶。其次，有關荀子思想學說之專題研究，以作品衆多，不及一一備載。

至於荀子之學，流衍於海外者，以日本最盛㉙。根據嚴靈峰先生先周秦漢魏諸子知見書目記載，自西元十八世紀四十年代起迄二十世紀八十年代止，日人研究荀子的著作，有八十二種之多。彼邦人士攻治荀學，其久為儒林所共喻之著作，在校詁方面如久保愛荀子增註二十卷，豬飼彥博荀子考二卷，桂五十郎荀子國字解，安積重信荀子略說二卷，朝川鼎荀子述，滕井專英荀子思想論考一卷等。其見於各種期刊之單篇論文，亦不下百數十篇，足徵荀學為東瀛所重之一般也。此外韓國宋貞姬荀子三卷，亦知彼邦人士有治荀學者也。

總上所述，是荀書及其學流傳概略情況。近年研究荀子之論述很多，尚待更進一步之蒐羅。

【附註】

①胡　適　中國古代哲學史㈢荀子章：「齊襄王時」屬上讀、頁二一四。

②張其昀　戰國史（前編）頁一一至一二。又見（後編）頁四一。

③王忠林　新譯荀子讀本頁七生卒年代考證。

④同註②戰國史（後編）頁三。

⑤同註②頁六九。

⑥同註②頁九四。

⑦同註②戰國史（後編）頁四三。

⑧同註①頁二五。

⑨李滌生荀子集釋頁一二八註⑦王念孫云：「鳴」當爲「嗅」。

⑩羅根澤荀卿遊歷考。見古史辨第四册頁一一三。

⑪同註⑩

⑫梁啟雄荀子傳徵引。附荀子簡釋末。

⑬同註①頁二五。

⑭同註⑩

⑮胡元儀荀卿別傳考異二十二事。附王先謙荀子集解考證下頁三〇。

⑯游國思荀卿考。見古史辨第四册頁九四。

⑰梁啓超荀卿及荀子。見古史辨第四册頁一〇四。

⑱錢穆荀卿年十五至齊考，見先秦諸子繫年頁三三三。

⑲汪　中　荀子年表、見王先謙荀子集解考證下頁一七。

⑳同註⑰

㉑同註①

㉒姜尚賢　荀子思想體系頁一三。

㉓同註⑩

㉔同註⑩

㉕黃公偉　孔孟荀哲學總證義頁五一〇。

㉖嚴靈峰　周秦漢魏諸子知見書目㈢頁四一。

㉗同註㉖　頁四六至六三。

㉘同註㉖　頁五五。

㉙同註㉖　頁九一。

第二章　荀子的政治學說基礎

第一節　崇禮思想

荀子的時代，約在戰國中葉與末葉之間，當此之時，已是百家爭鳴，諸子蠭起的末期，陰陽、名、道、農、墨各家之學，已風行於世，所以他有充分機會，了解各家學說的旨趣，因此，對各家學說得失不僅充分的了解，也能提出適切而嚴厲的批評。史遷云：「推儒墨道德之行事，與壞序列，著書數萬言。」（史記孟子荀卿列傳）所以他的見聞廣博，且能吸收各家思想之長，成爲百川歸趨的大海。茲從其禮學思想淵源及禮的範圍，禮之功用三方面分述之。

一、禮學思想的淵源

至於荀子的學術思想淵源，清儒汪中說他出於孔氏，而尤有功於諸經之傳述①，時人韋政通說他遙契周公據事制範之精神，賡續孔子以斯文爲己任之偉大抱負，並且也受了當時各大學派不同深淺程度的影響②，因此，荀子學說，不特持載豐富，思考面廣，而且建立了他獨有的方法和體系，而這一體系之基礎，就是建立在儒家所崇尚的「禮」上。

周公制禮作樂，使周文化的花朵，絢爛光輝無比。但是到了孔子時代，已經是禮壞樂崩，周文罷疲的局面，社會制度動搖，所面臨的是個紛擾不安的局面，他爲了挽救危局，使之復歸於治，因此，以重振周文爲己任，重振周文的依憑，就是一個「仁」字。

孔子以爲仁是人類的道德主體，也是生命的眞機。人一旦能體仁行仁，就能與禮樂之間，恢復調和關係。禮樂是仁的客觀表現，仁是禮樂的根本，所以孔子說：「人而不仁，如禮何？人而不仁，如樂何？」（論語八佾篇）由周文與仁的關係，我們得知孔子學說中，作爲主體的仁與客觀的周文，在他思想系統中，二者是兩位一體，相輔相成的統一整體。可是到了繼承他學說的孟子與荀子，這一個統一整體開始分裂，孟子以作爲主體的仁的一面內轉，開展了心性之學的新系統；荀子則把握了客觀的周文，堅持孔子的文化理想，向外開拓，因而發展出「禮義之統」的新系統③，以為他學說的基礎。

孔子學說，以仁為中心，仁是孔子學說中的道德極致④。孔子言行仁之方法，則曰：「克己復禮為仁。一日克己復禮，天下歸仁焉。」（論語陽貨篇）由此可知行仁之道，乃由禮而行；通過禮的實踐，終身不怠，便是仁之境界。個人的立身，社會的秩序，天下萬事萬物，莫不因禮而得其正。到了荀子，他所服膺的是孔子之學，對於孔子「克己復禮，天下歸仁」的話，自然最能會心，所以他宣揚儒學，少言仁義，宣揚仁義，而不專講仁義；他所大肆鼓吹的，乃是環繞「禮」之一字為中心。因為他所理會的，要經由禮的途徑，便可躋升於仁之境域，所以他說：

> 將原先王，本仁義，則禮正其蹊徑也；若挈裘領詘五指而頓之，順者不可勝數也。（勸學篇）
>
> 先王之道，仁之隆也，比中而行之。曷謂中？曰：禮義是也。（儒效篇）

先後兩則言論，意義相同，都是孔子「克己復禮，天下歸仁」一義的申說，亦即是由禮而仁的意思。所不同者，只是把仁義化簡為仁，又把禮增說為禮義。而仁義與仁，禮義與禮的關係，又是什麼？勞思光說：「仁是義的基礎，義是仁的顯現。義之依於仁，猶禮之依於義。」⑤所以荀子書中的仁與仁義，或禮與禮義，就禮的功用言，實際上無庸細分⑥。

此外，荀子之所以特別重視禮，因爲禮之範圍與功用至大無邊，上自人君治國之道，下至個人立身處世之基，乃至飲食起居的細節，無不爲其涵攝。禮不但是行爲的準則，也是思想言論的準繩；不但是處理社會現象的準則，也是應付自然環境的準繩。故荀子所說的禮，包羅着言行的各種規範，可以說是一切規範的總稱⑦。

二、禮之由來與範疇

荀子論禮，遙承周公孔子的精神，進而發揚光大，立論宏偉，自成以「禮」爲中心的思想學說，可說無與倫比。其爲強調禮於人類社會之重要性，不惜倡言人之性惡，故其論禮所起之由，乃自人性中之無窮欲望，以發其端。

> 禮起於何也？曰：人生而有欲，欲而不得，則不能無求，求而無度量分界，則不能不爭。爭則亂，亂則窮。先王惡其亂也，故制禮義以分之，以養人之欲，給人之求。使欲必不窮乎物，物必不屈於欲，兩者相持而長，是禮之所起也。（禮論篇）

荀子禮學，即由欲、求、爭、亂、窮諸般理由而立論。禮爲養人之欲，給人之求，且使欲與求兩者之間，需要與供給維持平衡，方能達到息爭止亂，求得安寧的目的，故說：「禮者，養也。」

荀子認爲制禮的根據有三：

> 禮有三本：天地者，生之本也；先祖者，類之本也；君師者，治之本也。無天地惡生

？無祖先惡出？無君師惡治？三者偏亡焉，無安人。故禮上事天，下事地，尊祖先而隆君師，是禮之三本也。（禮論篇）

天地養長萬物，爲經濟之本；先祖孕育族類，爲自身之所從出；君師治理教化，爲成人之本。三者之中包含人類生存的基本條件，以及社會互相維繫之關係⑧，三者之中，若缺其一，必無安人，亦無安國矣。此三本者，群倫與政制相配，養生與教化並重，是以敬天地，尊祖先，隆君師，而萬殊歸於一⑨。

至於禮之範圍呢？荀子嘗論之云：「人無禮則不生，事無禮則不成，國無禮則不寧。」（修身篇），謹就斯義，以明禮之範疇。

荀子論人以禮爲衡量的標準，因爲禮是思想、言論、行爲的準則。以禮修身，則思無邪，言有則，行合道，小者寡過，大者治平⑩，故人若能由禮而行，必可身修志廣，氣定神舒。

禮者，人道之極也。然而不法禮、不足禮，謂之無方之民；法禮足禮，謂之有方之士。禮之中焉，能思索，謂之能慮；禮之中焉，能勿易，謂之能固。能慮能固，加好之者焉，斯聖人矣。（禮論篇）

禮是爲人的最高標準。如不以禮爲法，不重視禮，即是無方之民；以禮爲法，重視禮，即爲有方之士。所謂「有方之士」，即有道之士，亦即好禮之士。能在禮之範圍中思索，謂之能慮；能以禮持身，而始終不變，就有堅固的德操。能慮能固，兼好其道，就可爲聖人了。

凡用血氣、志意、知慮。由禮則治通，不由禮則勃亂提僈；食飲、衣服、居處、動靜，由禮則和節，不由禮則觸陷生疾；容貌、態度、進退、趨行，由禮則雅，不由禮則夷固、僻違、庸衆而野。（修身篇）

故人莫貴乎生，莫樂乎安。所以養生安樂者，莫大乎禮義。（彊國篇）

請問為人臣？曰：以禮待⑪君。請問爲人父？曰：寬惠而有禮。（君道篇）

就個人而言，思慮要由禮；食飮衣服，居處動靜，容貌態度，進退趨行，都要由禮；養生安樂，所依靠的是禮，事君爲父，所須遵行的也是禮。

凡治氣養心之術，莫徑由禮。（脩身篇）

禮者，所以正身也。（脩身篇）

禮及身而行脩。（致士篇）

故隆禮，雖未明，法士也；不隆禮，雖察辯，散儒也。（勸學篇）

調養情性，培養正確的思想方法，最直接的途徑是循禮而行，因爲禮是正身的工具。一個人具備了禮的修養，則行爲端正，不致有所差錯。所以禮是個人立身處世的一切規範。個人的修養，應以行爲不違背禮，爲其究極的目的，只要能尊重禮，並以禮爲法則，縱使不解禮之所以然的道理，已足爲「法士」或有方之士矣。

其次，荀子論事，則說「事無禮不成。」禮既爲一切的規範，治事的方法，自然也應以禮為本。「禮者，法之大分，類之綱紀也。」（勸學篇）禮是一切法度的總原則，法是治事的律條，若法無明文規範者，再依理推，以求得合理的處事法則，才能達到成事的完滿結果。然則所治何事？可謂無所不包，茲就其要者，略舉數端，以明其義。

農分田而耕，賈分貨而販，百工分事而勸，士大夫分職而聽，建國諸侯之君分土而守，三公總方而議，則天子恭己而止矣。出若入若，天下莫不平均，莫不辨治，是百王之所同也，而禮法之大分也。（王霸篇）

此則引文，就廣大社會人群而言，包括士農工商四民之業，就政府言，上自天子，下至基層官吏，不論官民，人人各有其事，各敬其事，則百事有成，而治事的原則與方法，皆須以禮為依歸。再就人倫關係言，亦各有其處之道。

請問為人君？曰以禮分施，均偏而不偏。請問為人臣？曰以禮待君。請問為人父？曰寬惠而有禮。請問為人子？曰敬愛而致文。請問為人兄？曰慈愛而見友。請問為人弟？曰敬詘而不苟。請問為人夫？曰致功而不流，致臨而有辨。請問為人妻？曰夫有禮則柔從聽侍，夫無禮則恐懼而自竦也。此道也偏立而亂，俱立而治，其足以稽矣。請問兼能之奈何？曰審之禮也。古者先王審禮以方皇周挾於天下，動無不當也。（君道篇）

「此道也」，乃人倫之道，人倫之道，偏立而亂，俱立而治，故要兼能，兼能之道，在於審之禮也。所以人倫關係皆須禮方能得其正，人與人之間的關係，因禮而諧和，則天下治而社稷安也。不僅此也，卽使處理自然現象，所持的方法，也要以禮爲依據。

> 天地以合，日月以明，四時以序，星辰以行，江河以流，萬物以昌……萬物變而不亂，貳之則喪也。禮豈不至矣哉？（禮論篇）

荀子所言之禮，非但爲人間一切活動之準則，更進一步擴大其用，且視爲宇宙萬物所以生成之根據⑫。荀子視天爲自然，宇宙萬物皆由天生，自然之物，本無意識，也不具意義，而有待於人成，此卽其「天生人成」之原則。而所成之方法，有待於禮而成。所謂「貳之則喪」，正是說須禮以處之也。故說「事無禮不成」。

複次，荀子論國家，則說「國無禮則不寧」。國家之治亂强弱，端視能否實行禮義。故說「隆禮貴義者，其國治，簡禮賤義者，其國亂。」（議兵篇）於此說明禮義與治國之關係，其重要性可見一般。

> 禮者，法之大分，類之綱紀也。（勸學篇）

禮義生而制法度。（性惡篇）

國無禮則不正，禮之所以正國也，譬之：猶衡之於輕重也，猶繩墨之於曲直也，猶規矩之於方圓也。旣錯之而人莫之能誣也。（王霸篇）

禮是創制法制的原則。禮義生而制法度，則國家的制度法令，均是依據禮義而製作的。因爲各種治國之規範，都緣禮而生，故禮是正國工具，國家的治亂，於是亦決定於禮之有無，決定政治措施之是否合於禮。所以禮是治國之標準，有如今之憲法，國家若無憲法，則一切制度皆失其準據。國家有了禮制，人就無法行其欺誑之術矣。

國家得治，須要靠禮，國家富足，也有待禮，然後才能物資豐富，財用不竭。

足國之道，節用裕民，而善臧其餘。節用以禮，裕民以政。（富國篇）

這是足國富民之法，所謂節用，乃指節流與開源而言，旨在使物資不浪費，也不致短絀。故說「禮者，貴賤有等，長幼有差，貧富輕重，皆有稱者也。」（富國篇）以禮節用，要使人各按其身份地位，盡其所能，取其所值⑬，不得過分而無度的妄取。所謂「裕民」的辦法，則是：

> 輕田野之賦，平關市之征，省商賈之數，罕興力役，無奪農時，如是則國富矣。夫是之謂以政裕民。（富國篇）

裕民以政，無非是減少政府聚斂，增加人民收益，減省商賈人數，增加農業生產人力。若失農時，則土地生產化爲烏有，這是所以重視「無奪農時」的原因。一個國家，若「節用，裕民」，則財用富足有餘，「且有富厚丘山之積」；反之，則國用空虛貧乏，人民也隨之貧困不堪。國家富足之後，還要彊兵，國家安全才有保障，彊兵之道，也須由禮而行。

> 禮者，辨治之極也，彊國之本也，威行之道也，功名之總也。王公由之，所以得天下也；不由，所以隕社稷也。故堅甲利兵，不足以為勝；高城深池，不足以為固；嚴令刑罰，不足以為威。由其道則行，不由其道則廢。（議兵篇）

此言堅甲利兵，高城深池，嚴令繁刑，皆非致勝之道，而是由其「道」才是致勝之由。其「道」者，「禮義教化，是齊之也」（議兵篇）。由此可見，禮亦爲彊兵之道，故說「上不隆禮則兵弱」（富國篇）。

由以上所言，禮義爲治國、富國、强兵之本，故禮之於國家，可謂無所不至。舍禮，則國無制度，財用貧困，乃至喪亂敗亡。

荀子總述禮之範圍，凡個人、事業、國家、人間世事、宇宙萬物、一切事情，都有賴於禮。禮誠無所不包。而各種應守之規範，無一不屬於禮，故說：「禮者，人道之極也。」（禮論

篇）

三、禮之功能與作用

荀子言禮之範圍，既是無所不包，則人間萬事，宇宙萬物之措置與裁處，莫不涵攝於禮之中。然則禮之功用爲何？玆概擧其要目有三：曰分、曰養、曰節⑭。分述於後：

㈠社會因「分」而有序

荀子言禮之功用，以「分」爲首要。其理由是「無分者，人之大害也；有分者，天下之本利也。」（富國篇）由此可見「分」在人群社會中之重要性。荀子說：

> 人生不能無群，群而無分則爭，爭則亂，亂則窮矣。故無分者，人之大害也。（富國篇）

> 離居不相待則窮，群而無分則爭，窮者，患也；爭者，禍也。……故知者為之分也。（富國篇）

「無分」的結果，是爭、亂、窮。如此，天下豈有寧日。故必須有「分」，人類是群居的動物，如果離群索居，不相互爲助，則人人困厄於窮。卽使既爲群居，若無分以別之，也易生紛爭，此禍患之所由起也。因此「無分」實乃禍亂之原。然則如何分之？荀子說：

> 人之所以為人者，何已也？曰：以其有辨也……故人道莫不有辨。辨莫大於分，分莫大於

禮，禮莫大於聖王。（非相篇）

所謂辨者，辨別也；分者，分位也。荀子以有辨與否，為人與禽獸之別。而「辨莫大於分」者，即是說分為辨之極則。故言辨必通於分[15]。至辨而後有上下之分位，故分乃生於聖王所制之禮。

至於分的內容，諸如天人、倫常、知愚、職業等等，幾乎無所不分。今舉知愚之分一例以明之。荀子說：

故先王案為之制禮義以分之，使有貴賤之等，長幼之差，知愚能不能之分，皆使人載其事，而各得其宜。（榮辱篇）

「知愚能不能之分」，乃指智慧才能高低之分，按照個人的才能智慧之高低，各盡其能，各任其事，而無不妥，如此也可「賢不肖不雜，是非不亂」（王制篇）。天下自然太平。

人群社會不但要有分，並且分而要相稱。荀子說：

禮者，貴賤有等，長幼有差，貧富輕重，皆有稱者也。……德必稱位，位必稱祿，祿必稱用。……量地而立國，計利而畜民，度人力而授事，使民必勝事，事必出利，利足以生民，皆使衣食百用，出入相揜，必時臧餘，謂之稱數。（富國篇）

貴賤、長幼、貧富、輕重之分別，都能相稱。德與位、位與祿，祿與用，也是分，都必須名實相符。按照人與事之實情，加以分別，而使其相稱。如果「一物失稱，亂之端也」（正論篇）

，所以「先王案爲之制禮義以分之，……皆使人載其事而各得其宜」（榮辱篇）。就政府用人而言，德位相稱；就一般人言，使民必勝事，都可謂「皆使人載其事，而各得其宜」。相稱方能相宜。

然則，分如何行之？荀子說：

> 分何以能行？曰：義。（王制篇）

分的功能，在於止亂息爭，達到至治。欲分不亂，必以義爲之分別。能依義以爲分別，則使所分別者通行無阻，才能收稱的效果。分必須依據於義，或稱分義⑯。義者誼也，分之方法能以義分之，則無不宜，分之得宜，故「朝無幸位，民無幸生」，人各稱其位，事各得其中，自然爭亂不起了。又說：

> 義以分則和，和則一，一則多力，多力則彊，彊則能勝物，故宮室可得而居也。故序四時，裁萬物，兼利天下，無他故焉，得之分義也。（王制篇）

以義分別，故「使人載其事而各得其宜，然後使穀⑰祿多少厚薄之稱，是夫群居和一之道也」（榮辱篇）。人人各得其稱，各取所需，自然就能群居和一，團結合作，產生力量；有了力量，則可控制自然，利用自然，充實生活資源，有益治道。所以荀子特別重視分的功用。故說：「救患除禍，則莫若明分使群矣。」（富國篇）由此可見，分之爲用大矣哉。

㈡人群得「養」而足欲

分是禮的第一個重要功用，因爲分有止亂息爭，使人群居和一之功能，故荀子視分爲禮法的樞要。若使禮義眞能收除亂致治的實效，尙須濟之以「養」，始得竟其全功。故荀子視養爲禮之另一重要功用。

禮者，養也。君子既得其養，又好其別。（禮論篇）

人生而有欲，欲而不得，則不能無求，求而無度量分界，則不能不爭。爭則亂，亂則窮。先王惡其亂也，故制禮義以分之。以養人之欲，給人之求。使欲必不窮乎物，物必不屈於欲，兩者相持而長，是禮之所起也。（禮論篇）

凡人有所一同：飢而欲飽；寒而欲煖……是人生而有也，是無待而然者也，是禹桀之所同也。（榮辱篇）

欲望是與生俱來者，且爲人人之所同。人生而有欲；欲而不得則不能無求；求而無度量分界，則不能不爭；爭則亂，亂則窮。禮的目的，既在止亂息爭，解決爭亂的根本辦法，就是「養人之欲，給人之求」，使人欲望能得到適當的滿足。養欲的方法，在於「使欲必不窮乎物，物必不屈於欲」亦卽使欲與物維持平衡，不因物之短絀，而使欲望無法滿足，亦不因欲望之無限發展，使物有匱乏之虞。務使「相持而長」。可見禮之目的在養。然而人之欲望無窮，如何才能達到適當的滿足呢？況且「欲惡同物，欲多而物寡，寡則必爭矣。」（富國篇）在這種情況之下，又如何肆應呢。荀子說：

凡語治而待去欲者，無以道欲而於有欲者也。凡語治而待寡欲者，無以節欲而困於多欲者也。以所欲為可得而求之，情之所不免也。……故雖為守門，欲不可去……欲雖不可盡，可以近盡也。（正名篇）

荀子以爲欲俱於性，不可能去，因而主張以禮導欲節欲。「故雖爲守門，欲不可去」，意謂職業低賤之人，所欲雖不易滿足，但也不能去其欲望。故說「雖堯舜不能去民之欲利。」（大略篇）「欲是情之所不免也」，可見欲既非自力所能去，也非他力所能去。欲既無法消除，而且人的欲望，不但欲多而不欲寡，甚至貪得無厭。如果不加節制，必然放縱爲惡。荀子說：

夫貴為天子，富有天下，是人情之所同欲也。然則從人之欲，則勢不能容，物不能贍也。（榮辱篇）

縱欲而不窮，則民心奮而不可說也。……天下害生縱欲。（富國篇）

天子地位尊貴，天下財貨富足，是人人所欲獲得的，然而若不用禮節之，放縱而行，則縱欲的結果，勢必引起爭奪與禍亂。然則對於人之欲望如何處理？荀子既不主張寡欲，也不主張絶欲，更不主張縱欲，而是導欲與節欲。

故欲過之而動不及，心止之也；心之所可中理，則欲雖多，奚傷於治？欲不及而動過之，心使之也，心之所可失理，則欲雖寡，奚止於亂？故治亂在於心之所可，亡於情之所欲。……欲雖不可去，求可節也。……道者，進則近盡，退則求節，天下莫之若也

。（正名篇）

荀子以爲欲之多寡，與治亂無關，在於能否使欲求得到合理的滿足。「欲過之」是欲求超過中理的標準；「欲不及」是欲求未及中理的標準，當欲過或不及的時候，由心做了「止之」或「使之」的決定，因而使欲求達到中理的標準。故說「欲雖不可盡，可以近盡也，欲雖不可去，求可節也」，節制之法，是「道者，進則近盡，退則節求」。道卽是禮義，以禮義作爲節制欲求的標準，則貴者可以得到適當的滿足，賤者亦可以節制。這就是「禮者，養也」的眞義所在。

㈢百事待「節」而中理

禮之功用，除分與養之外，還有節的功用，因爲節也有止亂息爭、正理平治的功用⑱荀子說：

> 禮者，節之準也。（致士篇）
>
> 故先王聖人安爲之立中制節，一使足以成文理，則舍之矣。（禮論篇）
>
> 夫義者，內節於人，而外節於萬物者也　上安於主，而下調於民者也。上下內外節者，義之情也。（彊國篇）

「禮者，節之準也」。節、法度也⑲，性惡篇說：「禮義生而制法度」，可知節由禮而出，節爲禮之功用之一。聖人爲「立中制節」，令其皆成文盡禮。儒效篇說：「曷謂中？曰：禮義是也。」則中是禮義，依據禮義而制節，「夫義者，內節於人，而外節於萬物者也」，此義卽是禮，荀子常以禮義連稱⑳，節以禮義爲標準，不但內節於人，且外節於萬物，故節之功用，已不限於一端，「上下內外節者，義之情也」，情者實也，義之情卽義之實。卽內外上下皆得其節制㉑。由此，則知節爲禮義之普遍之功用。至於何謂節？楊倞註云：「節卽謂限禁也」，兪樾云：「節猶適也」。陳大齊先生說：「兩家的注釋……則可以相通，且有著因果關係，限禁的結果，可以令其適合。」㉒這種詮釋，極爲通達。所謂「內節於人」乃是內以限禁人之行爲而不使之放縱，所謂「外節於萬物」，卽是外以限禁萬物之發展，而不使之流蕩，這樣的結果，無論人之行爲，事物都可說稱情合理，無不適切。

禮者，斷長續短，損有餘，益不足，達敬愛之文，而滋成行之美者也。（禮論篇）

兩情者，人生固有端焉。若夫斷之繼之，博之淺之，益之損之，類之盡之，盛之美之，使本末終始，莫不順比，足以為萬世則，則是禮也。（禮論篇）

這兩則引文，明爲論禮，而實則爲節字的註解。兩者都在言節之功用。所謂「斷長續短，損有餘，益不足」，「斷之繼之，博之淺之，益之損之，類之盡之，盛之美之」，都是節之限禁過程；所謂「達敬愛之文，而滋成行義之美者」，「使本末終始美不順比，足以爲萬世則。」卽是表明適切的結果，節以限禁與適合二義，而成其功用，於是，節不僅使人欲求達到適中，而無傷治亂，且亦節人之情使合於禮而不致過與不及。

人之情親莫過於父母，而人之情變莫大於喪親。因此，荀子乃就三年之喪，以言禮之節情。

> 創巨者其日久，痛甚者其愈遲。三年之喪，稱情而立文，所以為至痛極也。……三年之喪，二十五月畢，哀痛未盡，思慕未忘。然而禮以是斷之者，豈不以送死有已，復生有節也哉？……將由夫愚陋淫邪之人與？則彼朝死而夕忘之。然而縱之，則是曾鳥獸之不若也。彼安能相與群居而無亂乎！將由夫脩飾之君子與？則三年之喪，二十五月而畢，若駟之過隙，然而遂之，則是無窮也。（禮論篇）

父母之喪，創巨而痛甚，雖經二十五月之久，仍然哀痛不絕，思慕未忘，然而斷之爲三年之喪者，正因「送死有已，復生有節」之故。倘傷痛過深而不予節制，則有害於生者，而傷痛不深，則如禽獸之行。正是損其有餘而補其不足。哀情有餘損之，哀情不足則益之。

> 一朝而喪其嚴親，而所以送葬之者，不哀不敬，則嫌於禽獸矣。君子恥之，故變而飾，所以滅惡也。……故其立文飾也，不至於窕冶。其立麤惡[23]也，不至於瘠棄。其立聲樂恬愉也，不至流淫惰慢。其立哭泣哀戚也，不至隘懾傷生。是禮之中流也。（禮論篇）

凡是送葬不哀不敬，麤惡、瘠棄，皆是哀情不足，哭泣哀戚，隘懾傷生，都是哀情有餘，有餘與不足，俱非禮之中流。而歡樂之情有餘，則流於窕冶與流淫惰慢，歡樂之情不足，則無以示恬愉，故須損其有餘，益其不足。損之益之，都有待節之功用，方合於禮之中流。

上述是禮之功用。荀子把禮之功用，分爲分、養、節三部分，旨在說明禮在人類社會宇宙中之重要性，如果把禮運用得當，配合適切，則人類社會，宇宙萬事萬物，都能得到合理的安頓，自然群居合一，天下太平，這正是荀子理想的世界。

綜之，荀子的禮學思想，他以爲禮是實踐孔子仁政的方法，因爲禮之範圍廣大無邊，無所不包；禮之功用衆多，無所不能。凡是人間世事，宇宙萬物，無不在禮的涵攝中，所以，禮是一切的總規範。

第二節 禮義之統

荀子視禮，爲通向仁境之階梯，所以要倡行禮義，又視禮之範圍與功用至大無邊，故又以禮爲人間世事，宇宙萬物的總規範。其所以有此觀念，乃由孔子所重視的客觀周文的啟示，於是建立了「禮義之統」，成爲其學說的基礎。此一新觀念之基本理論構造，是以隆禮義而敦詩書爲起點，以法後王爲歷史根據，以知統類爲提供禮義發展中的共理，進而以治辨、明分、重義、使群成就禮義之效用。至此，禮義之統的理論與方法，才算完成㉔。茲依次分論於后。

一、重禮義而敦詩書

禮是荀學的核心，所以要特別突顯禮之功用。蓋以禮是人類知識的總滙，人文世界的最高道德準繩，它統攝一切的理論，綱紀一切的行爲，而百變不離其宗。故曰：「禮者，人道之極也。」（禮論篇）又言其效曰：「故厚（聖人）者，禮之積也；大者，禮之廣也；高者，禮之隆也；明者，禮之盡也。」（禮論篇）基於這些理由，所以主張隆禮義。他既主張隆禮義，也同時敦詩書。他說：

> 學惡乎始？惡乎終？曰：其數則始乎誦經，終乎讀禮；其義始乎為士，終乎為聖人。……故書者，政事之紀也；詩者，中聲之所止也；禮者，法之大分，類之綱紀也。故學至乎禮而止矣。夫是之謂道德之極。禮之敬文也，樂之中和也，詩書之博也，春秋之微也，在天地之間者畢矣。（勸學篇）

荀子言爲學的最終目標，要成爲聖人，而爲學的途徑，是「始乎誦經，終乎讀禮」，經者，詩書禮樂春秋之謂也。他於闡釋其義之後，以「人道之極」作結，說明經爲人類文化之精華，故曰「在天地之間者畢矣」，總結了經的價值。其對諸經之重視，可說無分軒輊，只是特別强調禮在治道上的功用非常重要而已。然則，學爲聖人，跟誰來學，爲何要學？於是又說：

> 學莫便乎近其人。禮樂法而不說，詩書故而不切，春秋約而不速。方其人習君子之說，則尊以徧矣，周於世矣。（勸學篇）

「其人」，指通經之賢師。荀子以爲經義深奧難通，非普通人所能，故要親近賢師益友，學習先君子對於經之解說，俾能得其所傳，才能養成高貴之人格，然後出而應世，即無不周之處。其雖言「詩書故而不切」，但詩書之中寓有應世之原理原則，後世人應世的原理原則，則依此損益而成，其推崇詩書之價值，並未變更。故又說：

> 學莫速乎好其人，隆禮次之。上不能好其人，下不能隆禮，安特將學雜志，順詩書而已耳。則末世窮年，不免為陋儒耳。…將原先王，本仁義，則禮正其經緯蹊徑也。……不道禮憲，以詩書為之，譬猶以指測河也，……不可以得之矣。（勸學篇）

此言人之爲學，要以親近賢師，明通經義爲先，隆禮還在其次。因爲經之義理是學爲聖人的基本修養之知識，如果上不從賢師了解經義，下又不能隆禮，如果所學只是一些雜博的知識，充其量也只能解釋經書的文字，還不能貫通其義理，如此，即使到死，仍不免爲陋儒而已。因此荀子以爲，要明王道之所出，仁義之所成，須由禮入手，才是正確的途徑。如果不由禮法，而純用詩書之教去應世事，自然達不到預期的效果。由此可知，他一再强調禮在應世上之重要性，但對詩書毫無輕忽之意。雖然他批評思孟「聞見雜博」（非十二子篇）只是說思孟「略法先王而不知其統」而已。儒效篇雖有「隆禮義而殺詩書」之言，但其所指者乃俗儒、雅儒而非大儒也。而況荀子又亟稱詩書之功用。

> 聖人也者，道之管也：天下之道管是矣，百王之道一是矣。故詩書禮樂之道歸是矣。詩言

是其志也，書言是其事也，禮言是其行也，樂言是其和也，春秋言是其微也。故風之所以為不逐者，取是以節之也，小雅之所以為小雅者，取是而文之也，大雅之所以為大雅者，取是而光之也，頌之所以為至者，取是而通之也。天下之道畢是矣。鄉是者臧，倍是者亡。（儒效篇）

在此荀子首先認定，聖人是道的總滙，「天下之道管是矣，百王之道一是矣。」其中兩「是」字，皆指聖人㉕。天下的大道以聖人爲總滙，百王之大道全寄託在聖人身上，所以詩書禮樂是構成聖人之道的基本要素，因爲詩以言其志，書以記其事，禮以規範行爲，樂以道其和，春秋以道名分，尤以詩經中風雅頌三者，都各有其特殊的功用，所以說「天下之道畢是矣」。如此，果能順聖人之道而行，則天下自然太平，否則就要滅亡。其對詩書推崇之甚，於此可見一斑。

時賢多以荀子「隆禮義而殺詩書」，其所據之理由是「禮樂法而不說，詩書故而不切，春秋約而不速」（勸學篇）之言，由此引申到殺詩書，若執此而論，則荀子豈只貶抑詩書，而且連及禮樂春秋，五經俱在當殺之列，則五經以外，尚有何典籍是爲學者之依憑？而荀子說讀書先要讀經，並謂五經之義「在天地之間者畢矣」，其尊崇五經如此，又何以貶抑詩書？又如「學之經莫速乎好其人，隆禮次之」，荀子主張「隆禮」，而此則言次之，豈非又貶抑「禮」乎？況在荀書中，荀子並未逕言欲「殺詩書」，而是批評雅儒、俗儒爲「殺詩書」，荀子大儒，豈能否定自己推崇詩書之意乎？

然則「殺詩書」一語當作何解釋？按今本荀子，錯誤之字甚多，且「殺詩書」之義，與荀子之言不合，故清儒郝懿行謂「殺」乃「敦」字之誤，而唐時楊倞首註荀子，對此語並未註釋，可知唐本尚無誤，或唐本卽爲「敦詩書」，故無須註也。敦者，厚也，厚卽重也，又勉也，治也。總之「敦詩書」與「殺詩書」意思相反。孫詒讓則謂「殺」當爲「述」，「述」，傳述也，傳述詩書爲儒者之職責。總之皆以「殺詩書」爲誤㉖。按左僖公二十七年傳，晉趙衰稱郤穀「說禮樂而敦詩書」，足見「敦詩書」古已有是言矣。

二、遵先王也法後王

隆禮義而殺詩書，乃因荀子特別重視禮義之客觀精神。禮義之統，旣是綜集百王之典章制度累積而成，用以經國定分，成就治道，當然是荀子認爲最理想的。但是，成就治道，不能徒託空言，必須在歷史文化上有所依據，因此，乃有「法後王」之主張。

荀子雖然主張法後王，但並不以先王爲非，且還再三推尊先王。荀子說：

不聞先王之遺言？不知學問之大也。（勸學篇）

凡言不合先王，不順禮義，謂之姦言。（非相篇）

儒者法先王，隆禮義。（儒效篇）

先王之道，忠臣孝子之極也。（禮論篇）

據此四則言論顯示，荀子不但未菲薄先王之道，而且認爲先王有很多値得效法之處。他說：

古者，先王審禮以方皇周浹於天下，動無不當也。（君道篇）

先王明禮義而一之。（富國篇）

先王案爲之立文，尊尊親親之義在矣。（禮論篇）

先王「審禮」而行，動無不當，又能「明禮義」而「立文」，以作爲人民生活行事的法式㉗，凡此數義皆爲後王所函攝。在荀子以爲先王後王，只有「詳」、「略」之別。在本質上並無差異。先王之所以「略」，在於年久湮滅，失去現實意義，所以要法後王。荀子說：

妄人者，門庭之間，猶可誣欺也，而況於千世之上乎？……五帝之外無傳人，非無賢人也，久故也。五帝之中無傳政，非無善政也，久故也。禹湯有傳政而不若周之察也；非無善政也，久故也。傳者久則論略，近則論詳；略則擧大，詳則擧小。……是以文久而滅，節族久而絕。（非相篇）

據此可知，荀子主張法後王的理由，已至爲顯明。同時也說明先王不足法的原因，正是承襲了孔子之意。子曰：「夏禮吾能言之，杞不足徵也；殷禮吾能言之，宋不足徵也，文獻不足故也；足，則吾能徵之矣。」（論語八佾篇）杞宋之不足徵，卽因久故。此與荀子「文久而滅，節族久而絕」之義相若。荀子以爲不僅五帝在時間上已太久，卽使禹湯也嫌久遠，故說「禹湯有傳政，不若周之察也。」至此，荀子法王後，卽與孔子從周之精神，一脈相承矣。㉘此外，荀子還說：

言道德之求，不二後王。道過三代謂之蕩，法二後王謂之不雅。（儒效篇）

「不二」者，不外也，謂不外於後王。蕩，謂渺茫久遠而難信。實則，不僅「道過三代」謂之蕩，卽使三代中之夏、商二代，也覺得過於久遠。故曰：「禹湯有傳政，而不若周之察也」。由此可見，荀子所說的「後王」，正是指周代的文、武、周公。「法後王」卽是「法周」。仍然是承孔子「吾從周」（論語八佾篇）之意。

此外，「法後王」還有其積極的理由。荀子說：

欲觀聖王之跡，則於其粲然者矣，後王是也。彼後王者，天下之君也；舍後王而道上古，譬之是猶舍己之君而事人之君也。故曰：欲觀千歲，則數今日；欲知億萬，則審一二；欲知上世，則審周道。……故曰：以近知遠，以一知萬，以微知明，此之謂也。（非相篇）

百王之道，後王是也，君子審後王之道，而論於百王之前，若端拜而議。（不苟篇）

本此二則言論，已足以說明荀子所以法後王的積極理由：一爲後王之禮義法度，粲然明備，可以徵之爲據，故言治道者，不能不以周文爲根據，因爲先王無傳可徵之政，故說「是以文久而滅，節族久而絕。」（非相篇）其次，後王是天下之君。維持天下一統局面的法制，乃是禮義的結晶，故言治道，必以後王的周道爲據，複次，能審周道，卽足以知上世，周道乃由百王之法累積而成。故後王足以代表百王之道。此卽「以近知遠，以一知萬」。荀子此意亦源自孔子。子曰：「殷因於夏禮，所損益可知也。周因於殷禮，所損益可知也。其或繼周者，雖百世可知也。」（論語八佾篇），所謂「以近知遠，以一知萬」，實際就是「百世可知」之意。

法後王之意既如上述。然則其不法先王的原因，已很顯然。荀子說：

> 略法先王而不知其統，然而猶材劇志大，聞見雜博……是則子思孟軻之罪也。（非十二子篇）

> 略法先王而足以亂世術……不知法後王而一制度……呼先王以欺愚者而求衣食焉……是俗儒也。法後王，一制度，隆禮義……是雅儒也。（儒效篇）

俗儒假借先王之名，欺愚惑衆，騙取衣食，故然可非。但其錯不在「法先王」，而在「略法先王」以逞其說，其關鍵只在於「略」。略則難有所據，無從取法。而後王之禮粲然明備，則可據可徵而可法。荀子所批評於孟子者，只在「略法先王而不知其統」，其關鍵也只在「略」而不知其「統」，並不在「法先王」之本身有何差錯。

荀子言「統」，乃承孔子「因革損益」的觀念而來，蓋歷史的演進，治道的變遷。雖然事象紛雜，但總有其所依據的共理；從禮義法度的演進中，發現其不變的共理，這就是荀子所說的統、統類、禮義之統。「審周道」，亦卽審知此禮義之統；知其統，卽可「知上世」。而荀子之法後王，其目的也正是要知統類。知統類的根據，便是粲然明備之後王。

三、明史實而知統類

荀子以爲「知通統類」者爲大儒，「壹統類」者爲聖人。可見「統類」觀念在其思想中之重要性。然則，「知統類」的意義爲何？應先探討統類二字的含義。

「統」字在荀書中，含義不一，有作通用義者，有作特定義者。唯有作特定義者，才與荀子的思想有關。根據韋政通歸納分析，統字只有解作「綱紀」時者，始與荀子思想有關㉙。

若夫總方略，齊言行，壹統類。（非十二子篇）

卒然起一方，擧統類而應之。（儒效篇）

其統類一也，是聖人之行也。（性惡篇）

「統」字在上引三則文中，均有「綱紀」意義。因爲能識綱紀，便能識統之理。統由理而成，理由類而顯，每一類有其成類之理，理是成類的依據。握其理，則可以類通，以類通，卽以同類之理通㉚。由此說統由理成，亦無異說統由類成。知類而後明統，義相貫通。故以統類連言。

「類」字在荀書中，義亦紛雜。有作種類、比類、同類、法字等解釋者，都與荀子思想無直接關聯。唯有與統字相連者，或與法字對擧者，才是與荀子思想有關的特定義之「類」。

脩脩兮其用，統類之行也。（儒效篇）

志安公，行安脩，知通統類，如是則可謂大儒矣。（儒效篇）

多言則文而類，終日議其所以，言之千擧萬變，其統類一也。是聖人之知也。（性惡

篇）

前引各則，皆統類連言，蓋統與類皆由理而成。皆有齊一、條理、秩序之義，依事類之共理而成統，故曰統類。至於與「法」對舉之「類」，其言如：

其有法者以法行，無法者以類舉。（王制篇）

依乎法，而又深乎其類，然後溫溫然。（脩身篇）

以聖人之制為法，法其法以求其統類。（解蔽篇）

由引文看來，法是具體的條文，類爲抽象的原則，換言之，類是法制所本之理，若法無明文規定，則須按同類事物之共理推斷。則類爲法之所由出，類爲源而法其流，以聖人之制爲法，「法其法以求其統類」與「依乎法而又深乎其類」意義相同。是說遵守了理法而又深明法的類，曰求其類。可見類比法不易看見，必須緣法探索之。曰「深乎其類」，可見類居於法之深處，法居其表而類居其裏。合而言之，類不顯露於表層而藏於法的裏面，故不易看見，必須緣法探索，然後可得㉛。荀子又說：

君子……知則明通而類，愚則端愨而法。（不苟篇）

故多言而類，聖人也；少言而法，君子也。（非十二子篇）

君子智則能知類，愚則僅知守法。可見類比法深一層，而法比類淺一層。能合於法者，不過是君子，能合於類者，方是爲聖人。有法固然勝於無法，然尚不及有類，可見類是高一等，而法還是低一層，要而言之，「類」為「法」所由出，「類」為源而「法」為其流㉜。可知類與法，雖關係密切，但層次不同，凡與相對而言的類，即是統類之類。

由以上所論得知，統類乃是一切事類發展中所依據之共理，亦是禮法制度的原理原則。所謂「知統類」，即是發現禮義發展中的共理，而提供的一個原則，共理，是禮義法制所共同依據的原理。荀子以智識心，其心靈表現是智的形態，故能通過一抽象的過程，把握共理而綜言「禮義之統」㉝。因為每一類有其成類之理，理是成類之依據。理由類而見，類由理而成。天下古今之事物紛繁，但每一事類皆各有其成類之理。荀子說：「類不悖，雖久同理。」（非相篇）事物一經分類，其中皆有脈絡可尋，而可以統類之理，行於紛雜之事，此即所謂「以類行雜，以一行萬。」（王制篇）只要「以類度類」（非相篇）則可以「推類而不悖」（正名篇）。荀子以「知通統類」（儒效篇）者為大儒，亦即知成統成類之理者為大儒，大儒就是聖人。聖人就是能經國定分的大政治家。握其理，則於「法教之所不及，聞見之所未至」（儒效篇）皆可以類通，即以同類之理通，故舉統類可以應萬變，荀子以應變為大事，以能應變為大本領㉞荀子說：

舉措應變而不窮，夫是之謂有原，是王者之人也。（王制篇）

倚物怪變，所未嘗聞也，所未嘗見也，卒然起一方，則舉統類而應之。（儒效篇）

宗原應變，曲得其宜，如是然後聖人也。（非十二子篇）

百王之無變，足以為道貫。一廢一起，應之以貫，理貫不亂。不知貫，不知應變。

（天論篇）

「有原」、「宗原」之原字，楊倞注云：原，本也。實卽指統類。有原宗原卽所謂知通統類；知通統類、卽知通統類之理，則擧應變而不窮。至於倚物怪變，驟然發生的未嘗見聞之事，大儒知其統類，故能從容不迫，擧以肆應。末一則之「道貫」，陳大齊先生說：「道能貫通一切，貫乃道之功用，故稱道貫，亦簡稱貫。」㉟，李滌生先生又申其義曰：「道以禮義爲實質。禮義爲條貫之統類，故道貫卽是禮義之統類。」㊱，總之，原、道、貫的內容意指與統類並無不同。三者皆可視爲統類之異名。而所謂「有原」、「宗原」、「知貫」亦卽是「知通統類」。能通統類之理者，然後可以擧應變而不窮。由此可知，荀子的「統類」觀念是與「篤行」原則相隨不離的。荀子說：

行之，曰：士也；敦慕焉，君子也；知之，聖人也。（儒效篇）

知之不若行之，學止乎行之而止矣。行之明也；明之為聖人。（儒效篇）

首則「知之聖人也」中的知之，卽是「知統類」這個知字，是兼攝行而言的。次則重在說行。楊倞注云：「行之通明於事也。」通明於事者，唯君子、大儒、聖人能之。故曰：「行之、明也；明之爲聖人」。行之明也，亦卽「擧統類而應之」的篤行。故「行之明也」的行字，也是兼知而說的。因此，「行之明也，明之爲聖人」與「知之，聖人也」，意義相通。荀子心目中的聖人，決非知而不行的人，一定是旣知且行的人，此處但言知而不言行，蓋在於闡發認識統類之重要。聖人與士同能篤行，而聖人之所以高出於士，則其能「知統類」之所以然也。

四、禮義之統的實踐方法

禮義之統的目的，在於化成天下，行外王之治。然而禮義之統，只是原則性的理論，尙無足以盡化成天下之義。於是在以禮爲制的要求下，荀子提出治辨、明分、重義、使群等四種方法，以爲實現禮的作用與功效。荀子視禮爲解決社會政治問題的總標準，則解決此問題的具體內容，必須通過辨、分、義、群諸概念的認取。所以辨、分、義、群是指出化成天下的途徑，代表外王之治的具體內容㊲。由於此一系列思想的產生，禮義之統的政治理論，才能收到實際效果。

㈠治辨　治辨一詞，是荀子言治道所創用的新名詞。乃指別異定分，而非思辨之意。非相篇說：「人之所以爲人者，何已也？曰：以其有辨也。」「以其有辨」之「辨」，與議兵篇「禮者治辨之極」之「辨」，牟宗三先生以爲兩「辨」字「皆指別異定分言，不作思辨解。」㊳，荀子說：

> 分不亂於上，能不窮於下，治辨之極也。（儒效篇）

> 聖王財衍以明辨異，上以飾賢良而明貴賤，下以飾長幼而明親疏。上在王公之朝，下在百姓之家，天下曉然皆知其所以為異也，將以明分達治而保萬世也。（君道篇）

> 儒者為之不然，必將曲辨。（王霸篇）

上列三則言論，首則言「治辨」與議兵篇「禮者，治辨之極」，皆是「別異定分」之義。次則言「辨異」以「明分達治」，亦足以顯示辨與治道相通。三則言「曲辨」，亦同於治辨，荀子之治辨、辨異、曲辨，都是限定辨的特色，表達禮之功能，通於治道而言。目的都在於明分達治㊴。其次，荀子又言：「樂合同，禮別異」（樂論篇），禮論篇亦說：「禮者養也，君子既得其養，又好其別。曷謂別？曰：貴賤有等，長幼有差，貧富輕重，皆有稱也。」可見「別」字之意義，實與治辨無殊。荀子以「別異」說禮，已將儒家作爲道德規範之禮，推及治道，正應合其客觀精神矣。

(二)明分　與治辨有密切關係的，還有明分。分在社會政治上之功能，又比辨爲廣泛。荀子以「無分」爲禍亂之源。消除禍亂的方法，他以爲「救患除禍，則莫若明分使群。」（富國篇）因此，明分是建立社會政治秩序的法則。然則「明分」之法爲何？荀子則說：

> 勢位齊而欲惡同，物不能贍㊵，則必爭，爭則必亂，亂則窮矣。先王惡其亂也，故制禮義以分之。（王制篇）

> 人之百事，如耳目鼻口之不可以相借官也。故職分而民不探，次定而序不亂。……夫是之謂政教之極。（君道篇）

荀子的理想，在當時而言，志在撥亂反正。明分是撥亂反正的根本辦法。人之百事，即包涵了社會政治方面的一切公共事務。人在社會政治一切公共事務中，應當各司其職，如耳目鼻口，各有專司，不能互相代替，因此，人在社會政治事務中，亦宜各守其分，不可踰越，此即明分之意。分之效能所及，實包涵社會政治各方面的種種措施與制度。凡屬於社會政治問題，莫不由「明分」一義而獲得解決。

㈢重義　荀子以爲分之效能所及，既包涵社會政治方面的各種措施與制度。然則分何以能行？荀子以爲必須用「義」來行分。他說：

水火有氣而無生，草木有生而無知，禽獸有知而無義，人有氣有生有知，亦且有義，故天下最為貴也。（王制篇）

分何以能行？曰：義。故義以分則和，和則一，一則多力，多力則強，彊則勝物。（王制篇）

所謂「義」者，乃是一種合理的裁斷㊶，即今之理性分辨之能力，人與水火，草木、禽獸，最大的區別，便是人類有「義」，分之所以能行，是因人有理性之故。彊國篇云：「夫義者，內節於人，而外接於萬物者也；上安於主，而下調於民者也；內外上下節者，義之情也。」內節於人，使人之情緒保持理性，不至過與不及，此從政治制度而言；外節於物，即使外在爲文之具體表徵之物，亦不過或不及，此就社會禮俗而言。如此，則上而足以安主，下而足以調和人民。人和萬物，君臣上下的關係都十分得當，這就是義的實際內容。於此，吾人可知：分之所以能行，義是主要的動力。

㈣使群　荀子言群，在於成治，然則何以成其治？人類有「義」，所以有營群居生活的可能，但却並不能保證人類一定有和平的群居生活，因爲從荀子以性惡的觀點來看，大部分人都沒有自覺向善的可能，因此必須要有一股外來的力量，去執行依義以分的工作。在荀子的想像中，人君便是這個力量的唯一來源。荀子說：

君者，善羣也，羣道當，則萬物各得其宜，六畜皆得其長，羣生皆得其命。……政令時，則百姓一，賢良服。（富國篇）

依此看來，群是使社會政治公共事務各得其宜的組合，而非烏合之衆的聚集㊷。群實卽包涵分在其內，因爲分是能群之本。能群爲人之特色。故說：「人生不能無群，群而無分則爭，爭則亂，亂則窮矣。」（富國篇）爭亂的社會，自非人情所欲居。故又說：「窮者、患也；爭者，禍也。救患除禍，則莫若明分使群矣。」（富國篇）明分使群，旨在消彌禍亂，歸於至治。然群的內容爲何？君道篇云：「能群者何也？曰：善生養人者也，善斑治人者也，善顯設人者也，善藩飾人者也。……四統者俱，而天下歸之。夫是之謂能群。」群的觀念，不僅是荀子社會政治學說中的重要創見，並對後世也有極大的影響㊸。

在以上論述中，辨、分、義、群，皆已說及人之所以爲人，乃在於有辨，辨莫大於分，分莫大於禮，分之所以能行，是因爲人有義。人有義所以能群。總之，言辨必通於分，明分而後可以使群。王制篇說：「君者，善群也。」君道篇亦說：「君者，能群也。」群居和一，則可以「序四時，裁萬物，兼利天下。」這就是「禮義之統」所顯發的大用。在治辨、明分、重義、使群之中，明分尤其重要，因爲辨異的目的；就是爲了明分，明分之後，才能推禮義之統達到善群的目的㊹。

綜上可知，「禮義之統」是荀子學說的基礎，其理論之構成，以隆禮義，法後王，知統類三者爲要素；其實踐方法，以辨、分、義、群四者爲成就禮義之效用，進而達到化成天下的目的。簡括言之，禮義之統就是組織人群社會的法式，使無分無義的人群結合而成爲一個客觀體之存在，建立一個有秩序的至平社會。此卽禮義之統的旨趣所在。

第三節　天生人成

荀子學說，條理紛繁，總其要凡，一曰天，一曰人㊺。其論天者，以天爲自然之天，天有常行，不能以人意爲之改變，故聖人但修人事，而不求知天，以天爲客觀的，獨立的自然存在，與人無涉，故曰：「君子敬其在巳者，而不慕其在天者。」（天論篇）天人雖無關涉，但人力可以勝天，且可進而物畜天然，以爲人用。其論人也，以人之性惡，必待起禮義、制法度，以矯飾擾化人之情性。使其出於治合於道，以入於善。據此基本觀念，進而以心治性，由智慮思辨分，人文化成之目的。其思想體系，乃得以建立之矣㊺。

，解蔽正名，知類明統，而發展爲禮義之統，再進而言禮樂，論政治，道修養，以達到經國定

一、天生人成的理論基礎

在中國古代文化中，所表現的人生觀，大抵偏於主觀的體悟，缺少客觀的辯證㊻。以孟子言，他是由主體的心性入，認定人是性善的，性善心也善，故盡性可以知天。因此他所了解的天是「生德」，事是「修德」，所以在孟子的思想中，一切皆以成德爲主；由此確定孟子的思想特質，是落在主體性與道德性上了。而荀子則是例外，他的思想系統是由客體的禮義出，故其價值標準，唯在尊隆禮義，發揮禮義的效用上。他以禮義爲能治之本，則性天在禮義的對治中，成爲被治之對象，因爲他視禮義爲衆善之源，理想之根，所以性天的意義，只限於自然。此其所言性天的意義，乃與孟子大異其趣。在孟子的觀念中，禮義由性分中出，其作用在表現性天之美德，故性天與禮義是諧和的；但是荀子以爲，禮義是由人之積習以成，由人之天君（智心）以辯，它是人爲（僞）的，與人性無關，禮義與性天之關係，遂成爲能治與被治之關係。能治之禮義，與被治之性天對局，即是「天生人成」的基本架式㊼。

荀子所說的天生之「生」，非天地之大德曰生之生，乃自然而然之義；所謂人成，即是通過禮義的效用而成，所以「天生人成」原則之構造，即純由禮義之效用問題思考中，導引出來

的。荀子所以要構成「天生人成」原則的理由為何？由下面兩則言論得知：

天地者，生之始也；禮義者，治之始也；君子者，禮義之始也。為之，貫之，積重之，致好之者，君子之始也。故天地生君子，君子理天地；君子者，天地之參也，萬物之總也，民之父母也，無君子則天地不理，禮義無統；上無君師，下無父子，是謂之至亂。（王制篇）

性者，本始材朴也；偽者，文理隆盛也。無性則偽之無所加，無偽則性不能自美；性偽合，然後聖人之名一，天下之功於是就也。故曰天地合而萬物生，陰陽接而變化起，性偽合而天下治。天能生物，不能辨物也；地能載人，不能治人也。宇中萬物生人之屬，待聖人然後分也。（禮論篇）

天地能生載人類萬物，然不能辨治人類萬物，宇中萬物生人之類，皆有待於聖人而後治。故曰：「天生地之，聖人成之」（富國篇）「天地生君子，君子理天地。」而聖人君子所以賴於治理天地萬物者，則為禮義，故曰：「禮義者，治之始也；君子者，禮義之始也。」然則，何謂「天生人成」呢？荀子說：

先王之道，仁之隆也。比中而行之。曷謂中？曰：禮義是也。道者，非天之道，非地之道，人之所以道也，君子之所道也。（儒效篇）

道者何也？曰：君之所道也。君道者何也？曰：能羣也。能羣者何也？曰：善生養

人者也，善班治人者也，善顯設人者也，善藩飾人者也。……四統者俱，而天下歸之，夫是之謂能羣。（君道篇）

荀子之道，即人之所以道，君子之所道。亦即君道。君道即能群之道，亦即治道。故此道即「人文化成」之「禮義之統」也。以此治人治性治天，而廣被人群，以成人能也。此即「天生人成」之意義㊽。

荀子既認定天之無可取法，又認定人性是惡的，但其根本精神卻是儒家式的「遵禮隆義」，因此構成「天生人成」思想的理論基礎，我們也可反過來說，由「天生人成」的原則，衍展而成荀子「以人制天」與「化性起僞」的天人關係。本此觀點，其論天與論性的思想，在下文分述。

二、天道自然觀

古人論天，視天是有人格意志的上帝，作爲敬畏禮拜的對象，所以含有濃厚的宗教意味。降及春秋，法天主義盛行。孔孟之天人合德，墨翟之天志主義，老莊之聽天安命思想，都曾風靡一時。但是到了荀子，則一反其說，認爲天是非宗教的，非形而上的，亦非藝術的，乃自然的，亦即科學中「是其所是」之天㊾。

㈠天爲自然

荀子所認識的天，既是自然，凡是自然皆不能自成，必待人力而後得其成。故論天主張人治，人治又必須賴客觀之禮義，舍棄禮義，則天生之物無由以成。所以天只是生，只是自然。

天行有常，不為堯存，不為桀亡。（天論篇）

天能生物，不能辨物也。地能載人，不能治人也；宇中萬物生人之屬，待聖人然後分之也。（天論篇）

不為而成，不求而得，夫是之謂天職。（天論篇）

天有常道矣，地有常數矣。（天論篇）

夫日月之有蝕，風雨之不時，怪星之黨見，是無此而不常有之……是天地之變，陰陽之化，物之罕至者，怪之可也，畏之非也。（天論篇）

天體運行，自然現象的變化，有其一定的軌道與自然法則，不因人間治亂的影響而越出常軌。「辨」與「分」是理論作用，天不能辨不能分，意即天是無知無識的。「爲」與「求」是意志作用，天不爲不求，正表示天無意志。故曰：「天有常道矣，地有常數矣。」（天論篇）天既有常道，爲什麼會「日月之有蝕，風雨之不時，怪星之黨見」的變異呢？荀子認爲那是「天地之變，陰陽之化，物之罕至者也。」（天論篇）變化雖非常態，但不一定沒有，只不常發生而已，故曰：「是無世而不常有之」（天論篇）的偶然現象。其間並無目的、意志之存在。倘若以爲這些怪變現象，是上帝的示警垂戒，那就是天下之至愚。故曰「怪之可也，而畏之非也」。荀子此論，把歷來對天所流傳的神聖觀念，一筆勾消了。而其所得的結論是：天是自然現象，無知識，無意志，不足畏敬，不足取法，不具任何積極意義。

㈡天人分職

荀子「天人之分」的理論，是由「天爲無知而自然，人爲有知而能爲」一觀念之導引而來㊿，他認爲天人定位，而不相涉。所以天地四時與人間治亂，並無因果關係。天人各盡其分，天下方可正理平治。

> 天行有常，不為堯存，不為桀亡。應之以治則吉，應之以亂則凶。彊本而節用，則天不能貧；養備而動時，則天不能病；循道而不忒(51)則天不能禍。故水旱不能使之飢。寒暑不能使之疾，祅怪不能使之凶。本荒而用侈，則天不能使之富；養略而動罕，則天不能使之全；倍道而妄行，則天不能使之吉。故水旱未至而飢，寒暑未薄而疾，祅怪未至而凶。受時與治世同，而殃禍與治世異，不可怨天，其道然也。故明於天人之分，則可謂至人矣。（天論篇）

荀子以「天人之分」的二分法，將人與自然的界限區分開，將人與天之間的一切情感割斷。若本着科學的觀點言，實具有劃時代的意義。不過荀子所著意的重點，是人的問題，社會問題，政治問題，而非天的問題52。所以，荀子所彰顯的不是科學知識，而是人文世界的行爲。換句話說，他的問題是如何「經國定分」，而達成「群居和一」的，此中關鍵在「人」而不在「天」。因此他的基本原則，不在自然科學，他所要積極成就的是「禮義之統」。自然之「性」與「天」，只是在「禮義之統」的對治中，才能得其道，得其成。他的注意力完全集中在「人成」、「能治」的一面，而非自然的一面。即使天有奧妙的道理，他也不主張研究，如此才是「至人」。他說：

> 不為而成，不求而得，夫是之謂天職。如是者，雖深，其人不加慮焉；雖大，不加能焉；雖精，不加察焉。夫是之謂不與天爭職。天有其時，地有其財，人有其治，夫是之謂能參；舍其所以參，而願其所參，則惑矣。列星隨旋，日月遞炤，四時代御，陰陽大化，風雨博施，萬物各得其和以生，各得其養以成，不見其事，而見其功；夫是之謂神。皆知其所以成，莫知其無形；夫是之謂天功。唯聖人不求知天。（天論篇）
>
> 故君子之於禮，敬而安之……其於天地萬物也，不務其所以然，而致善用其材。（君道篇）

君子所要做的，只是如何善用天地萬物之材，而不必了解其所以然之故。此說明自然現象似乎都有其所以然之理53。天的作用雖然甚深、甚大、甚精。只是君子不務其所以然而已。因爲「不爲而成，不求而得」，「列星隨旋，日月遞炤」，乃至現代自然科學所研究的對象，都可說是天之自然，這種自然之理，君子若要去研究了解，那便是「與天爭職」了。所以他說「唯聖人不求知天。」（天論篇）便肯定了天之自然義，另一方面是就能治之人，與被治之天對說。「天有其時，地有其財，人有其治，夫是之謂能參。」能參即能治，「舍其所以參，而願其所參」荀子稱之爲「惑」。由此可見荀子在「天生人成」一原則中，重點只在彰顯「能治」的一方面。使人爲的「禮義」之功效能伸展出去。

然而，禮義自何而來。荀子說：

先王之道，仁之隆也，比中而行之。曷謂中？曰：禮義是也。道者，非天之道，非地之道，人之所以道也，君子之所道也。（儒效篇）

禮義之道，不是天之道，地之道。乃是「人之所以道」，是「君子之所道」，性惡篇云：「禮義者，聖人之所生也」。由此可見，禮義並非取法於天，而是由聖人發明的。「君子理天地……無君子則天地不理」（王制篇）天地不能自理，要靠聖人君子來理，而君子之所以能治理天地，就靠着他以清明之天君（心）所創制的禮義。故舍禮義則天與性亦無由以成。了解荀子「天人之分」的理論，也就可以了解「天論」思想在荀子系統中的地位，只是「天生人成」原則中的一項而已。

㈢制天用天

荀子主張「天人之分」的理由有三[54]：㈠天不能禍福於人生，亦不足以影響治亂；㈡以能治之人與被治之天對說，客觀的「禮義之統」即是支持「以人制天」的主要根據；㈢「不求知天」義，旨在割斷人與天之間的意志、情感等依互關係，這樣一面使天還其自然本相，一面在說明人的命運，全要由人自身負責：人之善，天不能與之凶；人之惡，天不能使之吉。這便是荀子所說的「天人之分」的二分法。明於天人之分的進一步目的，乃為制天用天，其理由最為精到。他說：

> 大天而思之，孰與物畜而制之！從天而頌之，孰與制天命而用之！望時而待之，孰與應時而使之！因物而多之，孰與騁能而化之！思物而物之，孰與理物而勿失之也！願與物之所以生，孰與有物之所以成！故錯人而思天，則失萬物之情。（天論篇）

凡能「物畜天地而役使之」的，荀子奉為聖人大神。

> 一天下，財萬物，長養人民，兼利天下，……則聖人之得勢者，舜禹是也。（非十二子篇）

> 故天之所覆，地之所載，莫不盡其美，致其用，上以飾賢良，下以養百姓而安樂之，夫是之謂大神。（王制篇）

不論是聖人、大神，其基本職責都是「養萬民」，而養萬民的要務，就是「裁萬物」。制裁萬物的原則，就是「應時而使之。」（天論篇）如欲善用四時以滋長萬物，則須順四時的自然運行程序而不相違。

> 故養長時，則六畜育；殺生時，則草木殖。（王制篇）

長養以時，則六畜育；殺生以時，則草木殖。時者，春夏秋冬四時之自然法則也。若能適時養長生殺，「不夭其生，不絕其長」則百姓之用就無匱乏之虞。至於制裁萬物的方法，則是「順其類而用之。」

> 財非其類，以養其類，夫是之謂天養。順其類者謂之福，逆其類者謂之禍。夫是之謂天政。（天論篇）

當「財非其類以養其類」的時候，順着所裁之類的性質而用之，則可以致福，反之，足以致禍。禍福之分，起於逆與順，故欲舉善用之實效，必須依物類之性質而不與之相逆。荀子以「應」與「順」爲制天用天的主要方法，而其所謂「應」與「順」者，必須得助於人的推動，且不能所用非人。

> 羣道當，則萬物皆得其宜，六畜皆得其長，羣生皆得其命。（王制篇）
>
> 賢者不可得而進也，不肖者不可得而退也，則能不能不可得而官也；若是則萬物失宜，事變失應，上失天時，下失地利，中失人和。……則賢者可得而進也，不肖者可得而退也，能不能可得而官也；若是則萬物得其宜，事變得其應，上得天時，下得地利，中得人和。（富國篇）

所謂群道，即指禮義制度之運用適當，發揮了它的實效。由於群道當，則賢者可得而進，不肖者可得而退，能不能可得而官。反之，則是群道不當。群道不當，即表示禮義制度未能發其效用。由此可見，禮義制度若發揮其效用，則天得其時，地得其利，人得其和，萬物皆得其宜，六畜皆得其長，群生皆得其命。這就是群道的結果。此即中庸「天地位焉，萬物育焉」之義。孔孟由盡心知性而至功化境界，荀子即由禮義之曲盡其用以達之。

總而言之，荀子天論思想，主要在證成「自然世界爲人文世界所主宰」一義。他的論天論性，都是爲了彰顯「禮義之統」的效用，爲的是要完成「制天」「化性」的理想。由此足證「天生人成」的基本原則，在荀子學說的重要性。

三、人性可化論

前文所論，乃「天生人成」原則屬於「治天」方面的理論，本節將就「治性」方面分述。荀子以禮義爲能治之本，它不僅主宰自然之天，也主宰自然之性；禮義之功效，即由對治自然之性與天而顯。不過，治天與治性之所以爲治之意義有別：就自然一義視天，則天體之運行，天地萬物之生成，皆爲自然而然；人爲的禮義，不過在使「群道當，萬物皆得其宜，六畜皆得其長，群生皆得其命」（王制篇）而已；故「天生人成」原則，在治天方面，僅具消極的意義。然而，在治性方面卻有積極的意義。荀子雖亦視性爲自然，但若順性之自然任意發展，則人只能有生而無成；有生而無成，就是棄才。故禮義對於治性，須能盡其用，則「天生人成」原則，在治性方面，才會產生具體的效用。故荀子說：「無性則僞之無所加，無僞則性不能自美；性僞合，然後聖人之名一，天下之功於是就也。」（禮論篇）這話正表明「人僞之禮義」對治「自然之性」含有具體的成效。

㈠性爲自然

荀子論天，說天只是生，只是自然；論性亦從此義出發[55]：

凡性者，天之就也。不可學，不可事，……不可學，不可事而在天者，謂之性。（性惡篇）

生之所以然者，謂之性；性之和所生，精和感應，不可學不事而自然，謂之性。（正名篇）

所謂「天之就」楊倞註云：「成於先天之自然」，即指與生俱來，無分善惡的自然之性。性字可分爲兩種：所謂「不可學不可事而在天者」，或「生之所以然者」，是生理學上的性，即指天賦之本質；而「精合感應，不事而自然者」，是心理學上的性，即指天賦之本能[56]。不論是生理學或心理學上的性，都是天賦之自然。這個天賦之性具體呈現在每個人身上，便是人人所同具的五官七情六欲等官能。

今人之性，目可以見，耳可以聽。夫可以見之明不離目，可以聽之聰不離耳；目明而耳聰，不可學明矣。（性惡篇）

今人之性，飢而欲飽，寒而欲煖，勞而欲休，此人之情性也。（性惡篇）

若夫目好色，耳好聲，口好味，心好利，骨體膚理好愉佚，是皆生於人之情性者也。感而自然，不待事而後生之者也。（性惡篇）

凡人有所一同，飢而欲食，寒而欲煖，勞而欲息，好利而惡害，是人之所生而有也，是無待而然者也，是禹桀之所同也。目辨黑白美惡，耳辨音聲清濁，口辨酸鹼甘苦，鼻辨芬芳腥臊，骨體膚理辨寒暑疾癢，是又人之所生而有也，是無待而然者也，是禹桀之所同也。（榮辱篇）

上列四則言論，概括了荀子說性之自然義。從好利疾惡、耳目方面言，是喜怒哀樂愛惡欲等自然之心理現象；從飢而欲飽，寒而欲煖，勞而欲休方面而言，是生物生理之本能。這種心理現象和生理本能，皆就人之動物性而言，並未包括內在心性的道德義。或是人類理智的思辨能力，故是人人所同，且是不事而自然的。兩言「禹桀之所同」，是在強調自然之性的普遍性。故說：

凡人之性者，堯舜之與桀紂，其性一也。（性惡篇）

材性知能，君子小人一也；好榮惡辱，好利惡害，是君子小人所同也。（榮辱篇）

可見這種天賦的本質與本能，是衆所同然的。據此可知，若單就自然說性，還只是靜態的指陳，性本身並無善惡之內容，性的內容必通過情慾表現而見。

性者天之就也，情者性之質也，欲者情之應也。（正名篇）

性、情、欲三者，在荀子看來，是同質同層的，性是先天生就的，情是性的本質，欲是情的反應。性情欲的發生，乃是自然而然的生理或心理現象而已。但是我們所必須注意的是：荀子肯定「自然之性爲人人所同」這一點，因爲性既是人人所同具的，則能治之禮義，就對人人有效。惟有確定禮義之價值具有普遍有效性，「天生人成」原則乃能極成㊼。

㈡性惡的緣起

人性既是與生俱來，也無善惡之分，然則，荀子所說的「性惡」，究竟因何而起？他說：

人之性惡，其善者僞也。今之人性，生而有好利焉，順是，故爭奪生而辭讓亡焉；生而有疾惡焉，順是，故殘賊生而忠信亡焉；生而有耳目之欲，有好聲色焉，順是，故淫亂生而禮義文理亡焉。然則從人之性，順之人情，必出於爭奪，合於犯分亂理，而歸於暴。……用此觀之，然則人之性惡明矣。（性惡篇）

這是荀子由自然之性所建立「性惡」說的主要論證㊽。他認爲人生有好利、疾惡、耳目、聲色之欲。這些「自然之性」，若順其自然而不加節制，必然流於「惡」。在現實人生中，人不僅有欲，且順人的情性，總是「欲多不欲寡」（正論篇）甚至「窮年累世不知足」（榮辱篇），因此人與人之間就產生了爭奪、殘賊、淫亂等行爲。這些行爲都是不合辭讓、忠信、禮義文理的。因此順是「自然之性」的需求，必然導生「性惡」的結果。陳大齊先生說：「性惡的眞實意義非謂情性這個心理成分本身是惡的，僅謂順從情性所發生的行爲，其結果所造成的事實是惡的。持結果所招致的偏險悖亂以衡量其所從出，遂謂性惡㊾。」由此即是說：荀子言善惡的定義，由行爲的結果而說的。如自然之性不加節制，導致「性惡」是必然的，所以要賴客觀之禮義；故禮義是能治者，而性成爲被治者。荀子論性與論天的思想一樣，都不是可以孤立起來看，必須透過「天生人成」原則，才能瞭解其眞正意義。

荀子之所以批評孟子的性善論，因爲荀子是經驗論者，他爲了強調禮義之重要，所以倡言「性惡」，荀子以爲禮義是客觀的，它代表善的標準；客觀的禮義要發揮他的效用，即必須有一組惡的事實和它對應；那就是有能治能化者，必當有被治被化者，否則禮義無從施其用，禮義也就無足爲貴了。荀子認爲孟子論性是先驗性的，無辨合符驗之事實，則禮義之效力無從彰顯，所以他認爲：

> 凡人之欲為善者，為性惡也……苟有之中者，必不及於外。（性惡篇）
>
> 今誠以人之性固正理平治邪，則有惡用聖王，惡用禮義哉？（性惡篇）
>
> 故性善則去聖王，息禮義矣，性惡則與聖王，貴禮義矣。（性惡篇）

今將以禮義積僞為人之性邪？然則有曷貴堯禹，貴君子矣哉？（性惡篇）

荀子既以禮義之效用爲着眼點，故其論「善」「惡」時說，假如人有善端，則不必向外求取。又說：「凡古今天下之所謂善者，正理平治邪；所謂惡者，偏險悖亂也，是善惡之分也。」如此區分善惡，實與孟子大異其趣。孟子言性善，謂人性中本有善端，只要擴而充之，即是堯舜。荀子則認爲人性中本無善端，若能隆禮義而重積靡，乃能致善。依此禮義在荀學中的地位，乃限於人類外在行爲的疏導，而不在內在心性之感發。這是由客觀的禮義做出發點，必然導致的一個結果。這個結果，同時亦說明「天生人成」原則，純是外在於主體的一個客體系統⑥⓪。

㈢化性而起僞

荀子「天生人成」原則構成理論，一方面由治天以達到「人類主宰宇宙」爲目的；另一方面要由治性而達成「聖人化性起僞」的理想。所以論性和論天一樣，也要從完成禮義之需要下彰明。在論天時，曾用「天人之分」的二分法，來說明天人的關係是被治與能治；論性也用二分法，以區分「性」「僞」之別。

不可學不可事，而成之在人者，謂之性；可學而能，可事而成之在人者，謂之僞。是性僞之分也。（性惡篇）

若夫目好色，耳好聲，口好味，心好利，骨體膚理好愉佚，是皆生於人之情性者也；

感而自然，不待事而後生之者也。夫感而不能然，必且待事而後然者，謂之生於偽，是性偽之所生，其不同之徵也。（性惡篇）

上引兩則，既言性與僞之定義，也說明性與僞的區別。「不可學不可事」，「感而自然，不待事而後生」，都是天生之自然；「可學而能可事而成」，「感而不能然，必且事而後然」，都是人爲之經驗。亦即「性」與「僞」二者之間，是被治與能治的相對關係，二者不可相離㉑。

性者，本始材朴也。偽者，文理隆盛也。無性，則偽之無所加；無偽，則性不能自美。（禮論篇）

此則說明性與僞的關係。性是材料，僞是加工。無性則僞無所加，無僞則性就不能自美㉒。二者互爲依存。臣道篇云：「禮義以爲文，倫類以爲理」，則僞實指禮義倫類之文飾。可見荀子提倡「性」「僞」之分，主要目的還是爲彰明禮義之統類。所以他心目中的理想人物，不在能否做到盡心知性的內聖功夫，而在能推行禮義，化性起僞。故贊美堯爲「天下之善教化者」（正論篇），論及禹、湯、周公、孔子，都是能「舉統類而應之」（儒效篇）；而君子所務者，應是「上則法舜禹之制，下則法仲尼子弓之義」，倘能「佚而不惰，勞而不優，宗原應變，曲得其宜，如是然後聖人也」（非十二子篇）

故聖人之所以同於衆，其不異於衆者，性也；所以異而過於衆者，偽也。（性惡篇）

人人的本性相同，而積僞的工夫則因人而異。聖人不但因積僞能養成完美的人格，且能制定禮義法度，用來化導一般人之情性㊸。

故聖人化性而起偽，偽起而生禮義，禮義生而制法度。然則禮義法度者，是聖人之所生也。（性惡篇）

然則，聖人如何能生禮義法度，以化其自然之性，而達到文理隆盛之境？荀子說：

聖人積思慮，習偽故，以生禮義而起法度。然則禮義法度者，是生於聖人之偽，非生於聖人之性也。（性惡篇）

聖人有積慮習偽的常處，在荀子看來，聖人能「積思慮，習偽故」，則一般人透過學習，也可能盡力做到；所以「禮義法度」對於「治性」，人人都可以有效的。

荀子以為化性起偽，須靠知慮與禮義。知慮屬於心，情性的反應，由知慮依據禮義的標準選擇，才能發生合乎禮義的行為，便是善行。因此心有知辨的作用。

心者，形之君也，而神明之主也。出令而無所受令，自禁也，自奪也，自取也，自行也，自止也。（解蔽篇）

由此看來，心實有絕對自由意志的能力，而且對於一個人的行為支配具有決定性。但是此心之選擇，並不能必然地正確無誤㊹。

故欲過之而動不及，心止之也。心之所可中理，則欲雖多，奚傷於治？欲不及而動過之，心使之也。心之所可失理，則欲雖寡，奚止於亂？（正名篇）

> 情然，而心為之擇，謂之慮。心慮，而能為之動，謂之偽。慮積焉，能習焉而後成，謂之偽。（正名篇）

所謂「僞」，就是在情欲發作的時候，經過心慮的選擇而決定行爲。情欲的發動若有過或不及處，則心爲之「止」或「使」，以求合於禮義之節制。然心之所可是否中理，有賴於心之能否知道，心何以知道，則有賴於「虛壹而靜」的工夫。此道即是禮義，但「今人之性，固無禮義，故彊學而求有之也。性不知禮義，故思慮而求知之也。」（性惡篇）。由此可見，「心」在「化性起僞」上，旣能主動接受禮義之敎化，也能辨別情欲之過與不及而調節之。所以荀子所說的「心」，其有辨別、思慮、選擇、判斷、學習等作用[65]。若無這些作用，則性情欲之化。實非可能之事者也。

心的作用，旣有如許之能，則「化性起僞」，自然要重視「積學」與「環境」之薰染，培養客觀之禮義，以應化性之須要：

> 性也者，吾所不能為也，然而可化也。積也者，非吾所有也，然而可為也。注錯習俗，所以化性也，並一而不二，所以成積也。習俗移志，安久移質，並一而不二，則通於神明，參於天地矣。故積土而為山，積水而為海，……塗之人百姓，積善而全盡，謂之聖人。……故聖人也者，人之所積也。……而都國之民，安習其服，居楚而楚，居越而越，居夏而夏，是非天性也，積靡使之然也。故人知謹注錯，慎習俗，大積靡，則

為君子矣；縱情性而不知問學，則為小人矣。（儒效篇）

「積」是積學，「注錯習俗，所以化性」，在強調積學對人的重要；而「習俗移志，安久移質」，則說明環境對人的影響。可見「積學」與「環境」是化性起僞的工具。積學的主要內容，就是學習禮義之道。所以禮義之統才是化性的根本，由於禮義之推行，產生優良的風俗和美好的環境。於人的高尚氣質，成熟教養，皆由禮義之功效所致。所以「將必有師法之化，禮義之道，然後出於辭讓，合於文理，而歸於治」（性惡篇）。因此，化性起僞是根據客觀之禮義法度，通過心智的思辨與抉擇，而由積習中逐漸變化人之性情，以達到文理隆盛的標準。

總之，禮義是「天生人成」原則的基礎。他以天人兩範疇爲綱領，以「人爲」（僞）觀念爲中心，以人控馭自然，主宰萬有，成就治道，此即「天生人成」的旨趣。

綜上所述各點，可知禮義是荀子學說的中心。因爲禮義是一切規範的總稱，故其政治學說基礎，自不能立於禮義範圍之外。荀子是一個相當理性主義的人，他的理想，在於「人文化成」，所以討論天人問題，也從政治觀點著眼。主張以具有歷史文化意義的禮義之統，運用於實際政治事務上。以達成經國定分，正理平治的理想。故其論天，反對天之道德義，而主張人爲（僞），人爲與治道，必有賴客觀之禮義。如舍禮義，則性與天也無由以成。因此，荀子的天論和性論，是構成「天生人成」原則的一環。而他的政治學說，也就是禮義思想的延申。

【附註】

①汪中　荀子通論。附王先謙荀子集解考證下頁一四。
②韋政通　荀子與古代哲學頁四。
③同註②　頁四。
④龍宇純　荀子論集頁七六。
⑤勞思光　中國哲學史頁一一二至一二一。
⑥陳大齊　荀子學說頁一四四。並見周群振荀子思想研究頁一三一。
⑦同註⑥　頁一六三。
⑧劉子靜　荀子哲學綱要頁四八。
⑨陳飛龍　荀子禮學之研究頁二。
⑩同註⑥　頁一四二。
⑪李滌生　荀子集釋頁二六八註㈡據元刻校改「待」爲「侍」。
⑫同註②　頁一七八。
⑬徐復觀　荀子政治思想的解析。見中國思想論集續編頁四五四。

⑭同註⑥頁七一至一三六。
⑮蔡仁厚孔孟荀哲學頁四七一。
⑯同註⑥頁一四九。
⑰同註⑪頁七一註⑰校改「愨」爲「穀」。
⑱同註⑥頁一五五。
⑲同註⑪頁三〇七註①。
⑳周群振荀子思想研究一六七。
㉑同註⑪頁三五八註④情，猶實也。禮義之實，即在內外上下皆得其節制。
㉒同註⑥頁一五六。
㉓同註⑪頁三四七註④校改「矗衺」爲「矗惡」。
㉔同註②頁二。
㉕同註⑪頁一四三註(二)。
㉖周紹賢荀子要義頁一六二。
㉗同註⑮頁四五七。
㉘同註②頁一二。
㉙同註②頁一六。

㉚同註⑮　頁四六一。

㉛同註⑮　頁四六二。

㉜同註②　頁一九。

㉝同註⑮　頁四六三。

㉞同註⑥　頁七八。

㉟同註⑪　頁三七九註①。

㊱同註㉟

㊲同註②　頁二七。

㊳牟宗三　荀學大略頁八。

㊴同註②　頁二七。

㊵同註⑪　頁一六六註⑤校改「澹」為「贍」。

㊶同註⑪　頁一八一註④。

㊷同註②　頁三四。

㊸鮑國順　荀子學說析論頁九八。

㊹同註⑮　頁四七一。

㊺吳　康　孔孟荀哲學下冊卷三頁六三。

㊻唐君毅　中國哲學原論原道篇。
㊼同註②　頁四五。
㊽同註㊳　頁二六。並同註②頁四二至四五。
㊾同註⑪　荀子自然論。民主評論十五卷二十一期。又同註⑮頁三七一。
㊿魏玲珠　荀子天論的思想。見崑山工專學報二期。
51同註⑪　荀子集釋頁三六三註⑥「脩」當爲「循」。「貳」爲「貣」之誤，「貣」同「忒」。
52同註⑮　頁三七四。
53同註⑮　頁三七五。
54林麗貞　從「天生人成」原則看荀子的「天論」與「性論」。見孔孟月刊十三卷三期。
55同註54
56梁啓雄　荀子簡釋頁三〇九至三一〇。
57同註②　頁六一。
58同註⑥　頁五〇
59同註58
60同註54

⑥①同註②　頁六五。

⑥②同註⑪　荀子性悪論。民主評論十卷十七、十八期。並見註⑮頁三九三。

⑥③同註⑥②

⑥④同註⑥②

⑥⑤同註⑤④

第三章　荀子的政治原理

荀子學說以禮爲中心，禮的含義，概括地說，它是一切人文活動的總綱。政治則爲人文活動的最廣領域，因此禮爲規範政治的最高原理，而政治則爲實現禮的最佳場所。荀子實現其人生理想的總概念，卽是「禮義之統」。政治爲實現人生理想的主要途徑，而「禮義之統」則爲其最高的指導原則①。所以荀子的政治原理，應從禮治、法治、群治、民本四方面探討其眞義。

第一節　禮治原理

荀子主張禮治，故特別重視禮的功用。不過，荀子所謂之禮，已是禮治政治時代的禮，它的含義已經擴大。於是禮成爲一種「定尊卑，別貴賤」的原則，而爲一種正式的政治工具②，社會制裁③，和合理行動④的指針了。而在孔孟只把禮視爲一種「合理行爲」，荀子則不然了。其要點如下：

一、分爲禮之基礎

荀子論治道，莫不以禮爲依歸。禮之功用，首在使人各有其分，各安其所，各得其宜。故分是禮之最重要的作用之一。

> 勢位齊，而欲惡同，物不能贍，則必爭。爭則必亂，亂則窮矣。先王惡其亂也，故制禮義以分之，使有貧富貴賤之等，足以相兼臨者，是養天下之本也。書曰：維齊非齊，此之謂也。（王制篇）

> 君子旣得其養，又好其別。曷謂別？曰：貴賤有等，長幼有差，貧富輕重，皆有稱者

也。(禮論篇)

荀子以為人之社會勢位相等,好惡相同,而在物資不夠分配時,必然發生爭亂貧窮的現象。先王為解決這個問題,故特為之「制禮義以分之」。所謂「分」者,就是貧富有等,貴賤有差,知愚能不能的階級之等第,按照各人的天賦才能:所謂「圖德而定次,量能而授官」(正論篇),荀子承認社會不平等,故主張有分位等級之別,各人按其身分地位,各取其所須,物質始夠分配;而人各知其分之後,就不致欲望漫無限制,而起爭亂。

分不亂於上,能不窮於下,治辨之極也。(儒效篇)

分何以能行?曰:義。(王制篇)

分,是有一定條件的分別,不是無原則的亂分。更非憑藉權勢任意區分的;此即「分不亂於上」。但是要分不亂,則必須依義為之分別。能依義以分別,然後才公平而合理,使所分別的通行無阻。才是政治的極致。

二、養以足人之欲

社會人人有分,足以息爭平亂,故分為禮義之樞要。而養的作用則是禮義的實效。養是禮義之最終目的,所以荀子主張「養人之欲,給人之求。」(禮論篇)

人生而有欲,欲而不得,則不能無求;求而無度量分界,則不能不爭;爭則亂,亂則窮。先王惡其亂也，故制禮義以分之，以養人之欲，給人之求，使欲必不窮乎物，物必不屈於欲，兩者相持而長，是禮之所起也。故禮者養也。芻豢稻粱，五味調香，所以養口也；椒蘭芬苾，所以養鼻也；雕琢刻鏤，黼黻文章，所以養目也；鐘鼓管磬，琴瑟竽笙，所以養耳也；疏房檖貌越席，床笫几筵，所以養體也。故禮者，養也。（禮論篇）

此則文字言，人生而有自然之欲，欲而不得則不能無求，求而無度量分界則爭，於是先王爲之制禮以分之。以養人之欲，給人之求，使物與欲兩者平衡。然則何謂欲呢？荀子以欲同於性，乃天生而有，既不能去，也不應去。所以說：

凡人有所一同：飢而欲飽，寒而欲煖，勞而欲息，好利而惡害。是人之所生而有也，是無待而然者也，是禹桀之所同也。（榮辱篇）

凡語治而待去欲者，無以道欲，而困於有欲者也。凡語治而待寡欲者，無以節欲，而困於多欲者也。（正名篇）

雖堯舜不能去民之欲利。（大略篇）

欲既是天生自然而有，就不可去，也不應去。那就必須設法導引而歸之正途。引導之道，必先「養人之欲，給人之求」，使欲得到適當的滿足，亦即「使欲必不窮乎物，物必不屈於欲。」粗看禮義似爲欲求的限制，實則正所以使欲求獲得適度之安頓。故曰：「兩者相持而長，是禮之所起也。」如若不然，則因人之欲求無限制而爭亂，又因爭亂無限制而欲求之滿足，終不可得，於是人間世界便將成爲一個罪孽深重，悲慘不堪的所在了。今幸不至如此，則正是有賴禮義爲之誘導，使人把爭亂的衝動或力量，轉而從事生產，充實生活資源，以便供應各種物資的需要，徹底化解爭亂，這就是「禮者養也」一語的眞諦。而爲任何從政治國的君子所不可不予以正視⑤。荀子以欲既不能去，故養極爲必要。

三、節在限人之情

禮之作用，在分與養之外，尚有一種節的作用。在禮治原理之中，也佔有極重要的地位。禮之爲用，以和爲貴，然則如何而和？必賴節文之功有以致之。節以止亂，文以養情，亂止則平，情養則安，既平且安，節文之功顯，而政得理矣。荀子說：

夫義者，內節於人，外節於萬物者也。內外上下節者，義之情也（彊國篇）

禮者，節之準也。程以立數，禮以定倫，德以敘位，能以授官。（致士篇）

「禮者，節之準也」，節，法度也⑥，性惡篇云：「禮義生而制法度。」可證節由禮而出，禮是法度的標準。「夫義者，內節於人，而外節於萬物者也」，此中之「義」字卽是禮，荀子常將禮義連稱⑦，節以禮義爲標準，不但內節於人，且外節於萬物，故節之作用，已不限於一端，「上下內外節者，義之情也」，情者實也，義之情卽義之實，卽內外上下皆得其節制⑧，由此，則知節爲禮義之普遍功用。至於何謂節？楊倞註云：「節即謂限禁也」，兪樾云：「節猶適也」。陳大齊先生說：「兩家的注釋……則可相通，且有着因果關係，限禁的結果，可以令其適合。」⑨這種詮釋，非僅通達，而且面面顧到。所謂「內節於人」，乃是內以限禁人之行爲而不使之放縱，所謂「外節於物」，即是外以限禁萬物之發展、流蕩，如此以來，無論欲望事物，都能稱情合理，無不妥當。

> 禮者，斷長續短，損有餘，益不足，達敬愛之文，而滋成行之美者也。（禮論篇）
>
> 兩情者，人生固有端焉。若夫斷之繼之，博之淺之，益之損之，類之盡之，盛之美之，使本末終始，莫不順比，足以為萬世則，則是禮也。（禮論篇）

這兩則言論，明爲論禮，而實則爲節字的注脚。兩者都在言節的作用。所謂「斷長續短，損有餘，益不足」，「斷之繼之，博之淺之，益之損之，類之盡之，盛之美之」，都是節之限禁過程；所謂「達敬愛之文，而滋成行之美者」，「使本末終始，莫不順比，足以爲萬世則」，即是表明適的結果，節以限禁與適合二義，而成其功用，於是節不僅使人欲求達到適中，而無傷治亂，且亦節人之情合於禮而不致有過與不及之虞也。

此外，荀子論治道，必以禮樂並稱，因爲樂在個人方面，有導化情性使人爲善之能；在社會政治方面，有輔治之功。荀子說：

> 夫樂者，樂也，人情之所以不免也。……故人不能不樂，樂則不能無形，形而不為道，

則不能為亂。先王惡其亂也，故制雅頌之聲以道之，使其聲足以樂而不流，使其文足以辨而不諰，使其曲直繁省廉肉節奏，足以感動人之善心，使夫邪汚之氣無由得接焉。是先王立樂之方也（樂論篇）

樂本出乎人情之自然，但順情之自然，不免流於放蕩，因此先王要制雅頌美善之聲以導之。使其足以感動人之善心，隔絕汚邪之氣。然而雅頌之聲的效力爲何？荀子又說：

故聽其雅頌之聲，而志意得廣焉；執其干戚，習其俯仰屈伸，而容貌得莊焉；行其綴兆，要其節奏，而行列得正焉，進退得齊焉。故樂者，出所以征誅也，入所以揖讓也；征誅揖讓，其義一也，出所以征誅，則莫不聽從；入所以揖讓，則莫不從服。故樂者、天下之大齊也，中和之紀也，人情之所必不免也。（樂論篇）

雅頌之聲，使人心志廣大，以和諧之節奏，整齊之動作，使人儀容端莊，情感相融，精神統一，陶冶了中和樂群之情。出而征誅，則人人服從命令，入而揖讓，則人人遵從禮法，兩者目的相同，皆在使人喜怒哀樂之情不失其正。而社會實現道同風一之盛，故曰「樂者，天下之大齊也」。他又更進一步論樂對社會政治之效用，說：

夫聲樂之入人也深，其化人也速，故先王謹為之文。樂中平則民和而不流，樂肅莊則民齊而不亂。民和齊則兵勁城固，敵國不敢嬰也。如是，則百姓莫不安其處，樂其鄉，以至足其上矣。（樂論篇）

樂可以使民心向善，移風易俗，使上下和睦，國防鞏固，因而人民安樂，故能尊重其上。所以樂在治道上，各有其用，「恭敬，禮也；調和，樂也。」（君道篇）禮與樂互爲表裏，二者同爲治國所不可缺之工器。故荀子說：

樂也者，和之不可變者也；禮也者，理之不可易者也。樂合同，禮別異，禮樂之統，管乎人心矣。（樂論篇）

樂之德在和，和故百物皆化，禮之質在理，條理有序，故群物皆有別。萬物皆化則和諧，故樂至而無怨，群物皆別則有序，故禮至則不爭。故曰「禮樂之統，管乎人心矣」。這是荀子論治國，所以禮樂並重之緣由也。

綜上所述，荀子的禮治原理，以分、養、節三者爲基礎，以說明禮在人類社會中之重要性。而樂則能導化情性，使人修身而進於善，移風易俗，輔助禮治，故其言禮之餘，不忘論樂在治道上之重要作用也。

第二節　法治原理

儒家論政，以德治爲本，法治爲末。所以孔子說：「道之以政，齊之以刑，則民免而無恥；道之以德，齊之以禮，有恥且格。」（論語爲政）但是到了荀子之世，傳統的封建制度崩潰，天下大亂，已非孔孟崇尚仁德之政治思想所能控制，荀子針對實際環境之需要，乃轉而隆禮重法，並參驗古今，以合符節。力倡禮治主義與聖王之思想。荀子以爲：非禮樂教化與刑法制裁，不足以挽救當時之危機，非聖德君王之身體力行，將無以匡正天下之紊亂，故乃基於其人性爲惡之主張，倡導尊君重法之政治論⑩故其法治思想，遂應運而生，非有意變更儒家傳統思想而改弦易轍也。茲就荀子法治思想之內涵，法治思想基礎，法治思想運作之原則，分述於后。

一、法治思想之內涵

禮治主義是荀子政治思想的核心，禮治之外又特重法治，因爲「禮者，禁於未然之前；而法者，禁於已然之後。」（大戴禮記禮察篇）故法治的目的，在於補救禮治之不足。禮與法之用途雖殊，但其爲治則一。所以其所謂之法的內涵，頗爲廣泛。荀子說：

禮者，法之大分。（勸學篇）

禮義生而制法度。（性惡篇）

依此看來，禮爲法之母，法之產生必以禮爲其根本。亦卽法治由禮治而來。所以說「禮義生而制法度」，然則何謂「法度」？又何以要有法度？荀子又說：

古者聖王以人性惡，以為偏險而不正；悖亂而不治，是以為之起禮義，制法度，以矯

飾人之情性而正之，以擾化人之情性而導之也，始皆出於治，合於道者也。（性惡篇）

由此得知，荀子所稱之法度，乃是聖王有鑑於人性之險惡，偏險而不正，悖亂而不治，於是依據禮義而創制法度，以導正人之情性，使歸於治，合於道。依此而言，則「法度」一詞，包括國家的典章制度，政令法則，慶賞刑罰在內。所以要有法度是因應治國之需要。因此蕭公權說：「法有廣狹二義，狹義之法，爲聽訟斷獄之律文；廣義之法，爲治政整民之制度，就其狹義言，禮與法之區別顯然，若就其廣義言之，則二者易於相混。」⑪禮法既有相混之處，故荀子重禮，亦同時重法了。

其次，就法之性質與功用言，荀子所言之法，實包含了修身治國平天下一切行事的準則，並非以法爲專門制裁人民的工具⑫。荀子說：

故隆禮，雖未明，法士也；不隆禮，雖察辯，散儒也。（勸學篇）

好法而行，士也，篤志而體，君子也；齊明而不竭，聖人也。人無法則倀倀然，有法而無志其義，則渠渠然，依乎法而又深其類，然後溫溫然。（修身篇）

法士卽好禮之士，不隆禮，其智雖明察善辯，若夫辯者之流，終歸無用。再者，倘無法以爲行事之規範，則必無所適從，動輒得咎，若有法以爲規範，而不知其涵義，則亦無從遵循，故還須深知其義，然後行事始有所遵循，方免其咎。不惟如此，其進一步具體的指明，法爲治國之根本。故又說：

法者，治之端也。（君道篇）

故土之與人也，道之與法也，國家之本作也。（致士篇）

隆禮至法，則國有常。（君道篇）

法是形成國家的基本條件之一，又是治國的端始。荀子治道的目標，在「正理平治」。而正理平治理想的達到，正有賴禮法之各盡其用⑬，所以「隆禮至法，則國有常。」因爲禮是內在的法則，用以規範人心，法是外在的規約，制裁人的行爲。因此禮爲人類一切行爲的總規範，法是執行這個總規範的準則。

此外，荀子於禮法之外，也重用刑，其理由是：禮固然有自我約束之功，法也能收限制人爲惡之效，但還不足以「禁暴誅悍」（正論篇）對於既不守禮，又不遵法的殘暴凶悍之徒，必須律之以嚴刑，才能達到正理平治的社會。荀子說：

凡刑人之本，禁暴惡惡，且懲其未也。殺人者不死，而傷人者不刑，是謂惠暴而寬賊也，非惡惡也。……治古則不然。凡爵列、官職、賞慶、刑罰，皆報也，以類相從者也。一物失稱，亂之端也。夫德不稱位，能不稱官，賞不當功，罰不當罪，不祥莫大焉。……夫征暴誅悍，治之盛也。殺人者死，傷人者刑，是百王之所同也，未有知其所由來者也。刑稱罪則治，不稱罪則亂。故治則刑重，亂則刑輕，犯治之罪固重，犯亂之罪固輕也。（正論篇）

荀子以爲刑罰的目的，在禁暴止惡，且警戒未來者，假如對殘暴兇悍之徒，不以適當的刑法懲罰，那就失去惡惡之旨了。所以「一物失稱，亂之端也。」要維持國家社會安定，就必須先要除去不安定的因素。刑罰與治亂的關係是「刑稱罪則治，不稱罪則亂」，政府之所以用刑，因爲「治則刑重，亂則刑輕。」再就罪情本身來說「犯治之罪固重，犯亂之罪固輕。」這是荀子所以要用刑的最大理由。

荀子不但主張用刑，而且還要用肉刑，反對用象刑，因爲殘暴凶惡之徒，以作惡多端爲能事，已無羞惡之心，所以不認爲受象刑是可恥之事。荀子說：

是不然，以為治邪？則人固莫觸罪，非特不用肉刑，亦不用象刑矣。以為刑輕邪⑭？人或觸罪矣，而直輕其刑，然則是殺人者不死，傷人者不刑也。罪至重而刑至輕，庸人不知惡矣，亂莫大焉。（正論篇）

荀子極力駁斥古代無肉刑之說，以爲古代治世就該不用肉刑之說，未必見得，如果人們本來就沒有犯法，不但用不着肉刑，而且也不必用象刑。認爲古代是減輕刑罰的話，如果人犯了罪，而用很輕的刑罰，那麼就會使殺人的人不償命，傷人的人就不受刑，如此以來，一般人就不以受象刑爲可恥而可惡之事了，殘暴凶悍之徒，可以繼續爲惡，此豈非禍亂之源乎？

二、法治思想之基礎

前文已論及荀子的法治，乃禮治之延伸，故其所謂之法治，而非法家之度量刑辟之法。然其制法所依之禮又有何根據？舉其要者，首在「法後王」。荀子說：

禮莫大於聖王。聖王有百，吾孰法焉？……故曰，欲觀聖王之跡，則於其粲然者矣，後王是也。彼後王者，天下之君也。舍後王而道上古，譬之是猶舍己之君而事人之君也。（非相篇）

百王之道，後王是也。君子審後王之道，而論百王之前，若端拜而議。（不苟篇）

欲觀千歲，則數今日；欲知億萬，則審一二；欲知上世，則審周道；欲知周道，則審其人所貴君子。（非相篇）

荀子所謂之周道，後王，乃指周王文武；文武是封建政治的天子，而非君主政治的聖主，荀子的政治哲學，旨在建立一種儒家式的聖王政治，孔子自謂「從周」，「憲章文武」。荀子承其意發而為「法後王」之教，作為聖王政治的歷史根據⑮。因此，蕭公權說：「荀子極言法治，雖內容不純，而悉歸三代聖王，以為矩範。」⑯不為無見。

其次，荀子以治理國家，首先要有統一的言論制度，於是又承孔子之意，發而為正名之論，其正名之大旨，是先要設立一個「隆正」，作為是非的標準，凡合於隆正的都是「是」，不合此隆正的都是「非」⑰所以荀子說：

凡議必先立隆正，然後可也。無隆正則是非不分，而辨訟不決，故所聞曰：「天下之

大隆，是非之封界，分職名象之所起，王制是也。」故凡言議期命是非，以聖王為師。而聖王之分，榮辱是也。（正論篇）

傳曰：「天下有二：非察是，是察非。」謂合王制不合王制也。天下不以是為隆正也。然而猶有能分是非，治曲直者邪？（解蔽篇）

至於如何立隆正以「正名」？按荀子之意，乃把社會上已經通行之名，由政府以法令制定，稱之謂「王制」；制定後，不得擅自更改⑱。故又說：

故王者之制名，名定而實辨，道行而志通，則慎率民而一焉。故析辭擅作名，以亂正名，使民疑惑，人多辨訟，則謂之大姦。其罪猶為符節度量之罪也。故其民莫敢託為奇辭以亂正名，故其民愨；愨則易使，易使則公。其民莫敢託為奇辭以亂正名，故壹於道法，而謹於循令矣。如是則其迹長矣。迹長功成，治之極也。是謹於守名約之功也。（正名篇）

由此可見，名一旦確定，則所指之實，卽可緣以辨別清楚，而不致易於混淆⑲。一切既能辨別清楚，於是「道行而志通」，「其民莫敢託爲奇辭以亂正名」，故能「壹於道法而謹於循令」。於是「迹長功成」，而達於「治之極」。然此，莫非「謹於守名約之功。」

復次，荀子又承孔子「文武之政，布在方策；人存政舉，人亡政息」（禮記中庸）之意，特重治人，因爲治法由治人所制訂，故主張「以法爲末，以人爲本。」⑳荀子說：

有亂君，無亂國；有治人，無治法，羿之法非亡也，而羿不世中；禹之法猶存，而夏不世王。故法不能獨立，類不能自行；得其人則存，失其人則亡。法者，治之端也；君子者，治之原也。故有君子，則法雖省，足以徧矣；無君子，則法雖具，失先後之施，不能應事之變，足以亂矣。不知法之義，而正法之數者，雖博臨事必亂。（君道篇）

「有治人，無治法」，可見荀子視治人爲重，治法爲輕。惟其所謂「無治法」，並非否定治法之價值，而是把無治法說在有治人之後，祇是一種比較上的說法，以治人重於治法而已。其所以重治人而輕治法，有三大理由：

第一、治人始能制作治法。故云：「君子者，法之原也。」（君道篇）故必有君子所制作之法，才是良法，始足以當治法之稱。足見必先有治人，然後方才有治法。所以治人自應重於治法。

第二、治法必待治人維護推行。因爲「法不能獨立，類不能自行，得其人則存，失其人則亡。」（君道篇）雖有良法，若無治人來推行，則良法也可能變爲惡法，故有完善之治法，尚須有君子推行，倘運用不當，則法度必喪失其效用。

第三、有治人便足以爲治。荀子以爲「有君子，則法雖省，足以徧矣。」又說「有良法而亂之者有矣，有君子而亂之者，自古及今，未嘗聞也。」（王制篇）

在荀子看來，治國之法，完備與否，似無甚重要，祇要有治人即可以爲治。何以見得？荀子說：

上好禮義，尚賢使能，無貪利之心，則下亦將綦辭讓，致忠信，而謹於臣子矣。如是則雖在小民，不待合符節別契劵而信，不待探籌投鈎而公，不待衡石稱縣而平，不待斗斛敦槩而嘖，故賞不用而民勸，罰不用而民服，有司不勞而事治，政令不煩而俗美。（君道篇）

此言爲治之道，在上位的治人，能本乎禮義，尚賢使能，無貪利之心，則在下的臣子自然十分辭讓，嚴守做臣子的本分。故說「君者儀也，民者景也，儀正而景正。」（君道篇）君臣苟能如此，即使小民，也能做到信、公、平、嘖四者。因此就「賞不用而民勸，罰不用而民服，有司不勞而事治，政令不煩而俗美。」（君道篇）

三、法治運作之原則

荀子以爲法治是維持社會秩序之公器，推行法治的方法，有賴於禮義之教化，賞罰只是一種手段而已，荀子說：「凡人之動也，爲賞慶爲之，則見傷害焉止矣。」賞罰雖有勸懲的功效，但其功效有時而窮㉑。故云：「賞慶刑罰勢詐之爲道，不足以合大衆，美國家。」（議兵篇）因此，就行法的原則而言，約有下列主張：

㈠禮義教化爲重：賞罰固然爲推動法治的原動力，但賞罰有時而窮，並非萬全之手段，因此，禮義教化爲推行法治之依據。荀子說：

故厚德音以先之，明禮義以道之，致忠信以愛之，尚賢使能以次之，爵服慶賞以申之，時其事，輕其任，以調劑之，長養之，如保赤子。政令以定，風俗以一，有離俗不順其上，則百姓莫不敦惡，莫不毒孽，若祓不祥；然後刑於是起矣。（議兵篇）

明禮義之化，起法正之治，重刑罰以禁之。（性惡篇）

由此可見，荀子以「禮義教化爲本，賞慶刑罰爲末」，賞罰是推動行法治的動力。所以先要明禮義以道之，然後政令已定，風俗齊一，卽使有不守法令者，衆人必深惡痛絕之，刑罰因此而立。這是荀子重法用刑的理由，因而其法治概念，乃涵攝於禮之範圍之內。

㈡先教化後刑罰：荀子旣認刑罰是補救教化不足的工具，自然要先施教化而後用刑罰，教化的目的，要人人懂得守法與不守法的結果，故先以禮義教化，如有不受教化者，然後再加以刑罰。荀子說：

明道而鈞分之，時使而誠愛之，下之和上也如影嚮，有不由令者，然後誅之。（議兵篇）

不教其民，而聽其獄，殺不辜也。……先王旣陳之以道，上先服之；若不可，尚賢以綦之；若不可，廢不能以單之。綦三年而百姓從風矣。邪民不從，然後俟之以刑。（宥坐篇）

天下曉然皆知夫盜竊之不可以為富也，皆知夫賊害不可以為壽也，皆知夫犯上之禁不可以為安也。由其道則人得其所好焉，不由其道則必遇其所惡。（君子篇）

刑罰既為治國之手段，但不教而刑之，既非治國之道，且失禮義教化之旨，再者，國君不盡禮義教化之責，下民有罪就殺，這是誅殺無辜，因此在積極方面，君主應先把人民教好，使其根本不會犯法；在消極方面，君主施行教化之後，若人民依然犯法，如此則可加以誅罰。況且教化的目的，在使天下人都知道守法與不守之利害，如此法才可以收效。因此，荀子以為先教化，後用刑。使人民日趨於善，合於道，才是上上之策。

㈢慶賞刑罰並重：賞與罰都是治道的一種手段，賞是鼓勵人之為善，罰是禁止人之為惡，故只賞不罰，或只罰不賞，都不足以達到治國之目的，所以為政者不僅要行賞，而且還要行罰。荀子說：

不教而誅，則刑繁而邪不勝，教而不誅，則姦民不懲；誅而不賞，則勤厲之民不勸，誅賞而不類，則下疑俗險而百姓不一。（富國篇）

勉之以慶賞，懲之以刑罰。（王制篇）

漸慶賞，嚴刑罰，以戒其心。使天下生民之屬，皆知己之所願欲之舉在于是也，故其賞行；皆知己之所畏恐之舉在于是也，故其罰威。賞行罰威，則賢者可得而進也，不肖者可得而退也。（富國篇）

此一方面說明賞罰的功用；也說明賞罰相輔爲用。有賞而無罰，則不足以舉懲戒的實效，有罰而無賞，亦不足以舉勸勉之實效㉒，若「賞不當功，刑不當罪。」（正論篇）則人民疑惑，風俗險詐，而百姓不能齊一。所以要以合理的慶賞勸勉，要以合理的刑罰懲戒，重賞嚴罰，讓天下人皆知有所趨避。則賞罰乃能發揮强大的勸善作用，賞所以進用賢能，罰所以斥退不肖，如賞罰不行，則賢能不能進，不肖不能退。故國家必須有賞有罰，且必須賞罰兼施。

㈣賞罰公正合理：賞罰要公正無私，不偏不依，恰如其分。荀子說：

> 無功不賞，無罪不罰。……折㉓暴禁悍，而刑罰不過。（王制篇）

> 故刑當罪則威，不當罪則侮，爵當賢則貴，不當賢則賤。……刑罰不怒罪，爵賞不逾德，分然各以其誠通。是以為善者勸，為不善者沮。（君子篇）

> 賞不當功，罰不當罪。不祥莫大焉。（正論篇）

此說明法治的公正性與平等性。無功不賞，無罪不罰，賞必當功，罰必當罪，這是賞罰的根本原則，亦是施行賞罰所必須遵守的。刑罪是否相當，涉及國家的治亂，故云：「刑稱罪則治，不稱罪則亂。」（正論篇）荀子反對濫用刑罰及以族論罪。故說：

> 賞不欲僭，刑不欲濫。賞僭則利及小人，刑濫則害及君子。若不幸而過，寧僭無濫。與其害善，不若利淫。（致士篇）

> 古者刑不過罪……亂世則不然：刑罰怒罪，爵賞逾德，以族論罪。（君子篇）

賞之不當功則僭，罰之不當罪則濫，都是不當的措施。因爲「賞僭則利及小人，刑濫則害及君子」。所以賞必須當功，罰必須當罪。荀子認爲「若不幸而過，寧僭無濫」，意謂倘有不當之賞，也比濫罰爲佳。由此可知，荀子雖主張治亂世用重典，但卻反對濫用刑罰。因此，國家既用刑罰以制裁人民之非法行爲，即當勿枉勿縱，俾罰得其當，否則，必爲嚴刑峻法，有失立法之旨。至於「以族論罪」便是罰之不當，故斥爲亂世之行爲。

第三節　群治原理

群的觀念，迨爲荀子政治思想中的創見，透過群的觀念，可以了解荀子的禮義之統，在社會政治領域中運用，所達到的最高效用㉔。群的具體表現是社會組織。群之方法是「分」，而分則是禮義的功效。由此看來，可以說群是由禮所分定的一種等級分位，亦即是每個人在社會組織之中的身分地位。由禮區分而成的等級分位，纔是一個「群居合一」，至平的理想社會。因此，荀子認爲組成群體的理由是：人有能群的基本能力，群是合理的社會組織，群居合一是至平的理想境界，玆爲分述其要。

一、群是人類的基本能力

群是一種廣義的社會組織。人之所以能戰勝萬物，一是人善用工具，一是人能構成社會群體。而荀子則認爲群是人類戰勝自然環境的唯一因素，禮既是群的原理與方法，當然也是人類社會賴以生存的憑藉。

水火有氣而無生，草木有生而無知，禽獸有知而無義，人有氣有生有知，亦且有義，故天下最為貴也。力不若牛，走不若馬，而牛馬為用，何也？曰：人能群也，彼不能群也。（王制篇）

人類的生命，在宇宙萬物之中，可以說最爲脆弱，天然的災變，野獸的侵害，隨時都可能威脅到人類生命的安全，但是人之所以尊貴，而異於其他萬物，惟在於有獨特的「義」㉕。所謂義，乃指理性而言，人類爲了延續生命，滿足生活上的需求，結合成群體，纔能抵抗外界侵害，不僅足以自保；進而主宰萬物，以爲人用。由此說明，原始社會是以求生存爲基本目的的。

然而群不是一堆人的聚集，而是要使社會政治公共事務各得其宜，如果單從求生存的目的發展，則群體生活並無保障可言，勢必要發生爭亂。

人之生不能無羣，羣而無分則爭，爭則亂，亂則窮矣。故無分者，人之大害也，有分者，天下之大利也。（富國篇）

離居不相待則窮，群而無分則爭；窮者，患也，爭者，禍也，救患除禍，莫若明分使

羣矣。（富國篇）

人何以能羣？曰：分。（王制篇）

人類欲持久生存，必須過群體生活，群體是合理的組織，組織的方法，首在明分，明分使群之後，纔能息爭止亂，分的主要功能，表現在實際社會秩序，與政治制度之上，如此方能確保人類群體結構長久發展。然則如何行「分」呢？荀子說：

分何以能行？曰：義。（王制篇）

分均則不偏，勢齊則不壹，衆齊則不使。有天有地而上下有差。明王始立而處國有制。夫兩貴之不能相事，兩賤之不能相使，是天數也。勢位齊，而欲惡同，物不能贍則必爭，爭則亂，亂則窮矣。先王惡其亂也，故制禮義以分之。使有貧富貴賤之等，足以相兼臨者，是養天下之本也。（王制篇）

行分之道，荀子歸之於人獨有的「義」，義卽理性，人類因有理性，才能思考，能推理，故對於事物能作合理的裁斷㉖。所以能不能行分，全靠理智的判別。然則，若人人分位平等，而無上下尊卑之別，誰也不能役使誰。但是若順著人性而向勢位物欲方面發展，勢必發生爭亂貧窮的現象。先王解決這個問題，故制禮義以分之。何謂分呢？就是按著各人的天賦才能加以區分，以定其在社會中應有的身分地位。如此，人人皆可「載其事而各得其宜」（榮辱篇），社會秩序纔不致於紊亂。因此「分」便成為安天下的根本了。

二、群是合理的社會組織

人類群居，如各縱其所欲，必然互相爭奪，爭則各自孤立，孤立則不足以抵抗外力，所以必須要有合理的組織，才能維護群體生活的安寧。所謂合理的組織，卽是一套運作的規則，這個規則就是顯現禮之作用的「分」。然則爲何要分，由誰來分呢？荀子說：

人生不能無羣，羣而無分則爭，爭則亂，亂則離，離則弱，弱則不能勝物。（王制篇）

先王惡其亂也，故制禮義以分之，使有貧富貴賤之等。（王制篇）

禮者，貴賤有等，長幼有差，貧富輕重皆有稱者也。（富國篇）

人君者，所以管分之樞要也。（富國篇）

首則言群必要有分，無分的結果是亂、離、弱，弱則不能戰勝萬物。二三兩則言行分之道，以先王所制之禮義爲準，使人有貴賤之等，長幼有差，確定每個人在社會中之身分地位。四則言能行分的人，則是人君。

至於分的涵義，頗爲廣泛，包括倫常之分，如長幼之差；社會地位之分，如貴賤之等；才能之分，如知愚能不能之分。社會上的分工分業，如士農工商；政治上之分職，如天子三公諸侯士大夫之類。乃至自然現象的分類，只要有所區別，都有分的作用於其間㉗。而分的標準又爲何呢？關於父子兄弟等倫常之分，乃自然生成，人力無法改變。至於其他政治社會的地位，就必須以個人的道德、學問、知能來決定㉘。荀子說：

大儒者，天子三公也；小儒者，諸侯大夫士也；衆人者，工農商賈也。（儒效篇）

上賢使之為三公，次賢使之為諸侯，下賢使之為士大夫。（君道篇）

大儒、小儒、衆人三者的主要分別，在於心志、行爲、知能上的高低不同。由於這些修爲不同，因此獲得的身分地位也不同。而各種修爲都可從後天的力學而得，如果具備了高尚的心志、行爲、智能，便可躋身上流社會。故說：

我欲賤而貴，愚而知，貧而富，可乎？曰：其唯學乎。（儒效篇）

至於個人在社會上的分位，既經確定之後，進一步便是社會分工。荀子說：

萬物同宇而異體，無宜而有用為人，數也。人倫竝處，同求而異道，同欲而異知，生也。皆有，可也，知愚同；所可，異也，知愚分。（富國篇）

所謂「無宜而有用」者，乃是說人雖無常定之宜，但却有可用之道，已啟人類分工專業之可能性；「同求而異道，同欲而異知」，不僅强調分工之客觀可能性，更强調有其主觀之必需性。所以他在此一論點之下，把分工之必要性，說得更爲清楚㉙。他說：

故百技所成，所以養一人也。而能不能兼技，人不能兼官；離居不相待則窮。（富國篇）

這則言論說：一人之生活，需要很多種技藝以供養之，但是卽使非常有才幹的人，也不能身兼百技，依此，人在社會上的職務，應是一人一職，人類若脫離社會，而不相互依賴，生活必然困窮。

所以必須分工合作。這種觀點，非常合乎社會進化原理，至於如何分工？荀子說：

農分田而耕，賈分貨而販，百工分事而勸，士大夫分職而聽，建國諸侯之君，分土而守，三公總方而議，則天子共己而止矣。（王霸篇）

社會上每一分子，認淸自我的身分，以無怨無怠的態度，堅守自己的工作崗位，成就一井然有序的社會。

在群體生活組織之中，荀子認爲國家的作用最大㉚。故說：「國者，天下之大器也。」（王霸篇）特別强調國家組織對人群之重要性。至於國家是如何構成的呢？荀子說：

國家者，士民之居也。……無土則人不安居，無人則土不守，無道法則人不至，無君子則道不擧。故土之與人也，道之與法也者，國家之本作也。君子也者，道法之摠要也。（致士篇）

荀子認爲土地、人民、法制、君主四者是構成國家的要素，正與現代論者所謂之國家構成要素相同。並認爲國家乃由聖君之制禮定分而成。所以說：「君者，善群也。」

三、群居和一的至平社會

荀子的群體生活規範，是根據禮義的運作而產生的功效。其最終的目的是要建立一個「群居合一」的理想境界。荀子說：

夫貴為天子，富有天下，是人情之所同欲也，然則從人之欲，則勢不能容，物不能贍也。故先王案為之制禮義以分之，使有貴賤之等，長幼之差，知愚能不能之分，皆使人載其事，而各得其宜，然後使穀祿多少厚薄之稱，是夫群居和一之道也。（榮辱篇）

維持社會安定之法，就是以禮義區分等級；而使人各載其事，各得其宜，藉此達到至平之治的理想。故又說：

故仁人在上，則農以力盡田，賈以察盡財，百工以巧盡械器。士大夫以上至於公侯，莫不以仁厚知能盡官職。夫是之謂至平。故或祿天下，而不自以為多，或監門御旅，抱關擊柝，而不自以為寡。故曰：「斬而齊，枉而順，不同而一。」夫是之謂人倫。（榮辱篇）

至平社會的境界，就是人人各盡其責，各守其業，雖有貴賤貧富之不同，但卻最爲公平。人與人之間正因不齊才能齊，不直才能順直，不同才能統一。因爲「書曰：維齊非齊。」（王制篇）其意卽是不平等中的平等，也就是欲在不平等中，盡量做到平等。「斬而齊，枉而順，不同而一。」正是「維齊非齊」的最佳注釋。蓋依荀子看來，不平等才是眞平等㉛。他所持的理由是「勢齊則不壹，衆齊則不使。」與「兩貴之不能相事，兩賤之不能相使。」（王制篇）只有貧富貴賤之等差，才是至平的社會。

因此，荀子所嚮往的至平境界，是個有上下之分，貴賤之別的等級社會，在這樣一個社會裏，荀子的主張是：

㈠政治權利平等：在封建制度之下：「士之子恒爲士，農之子恒爲農，工之子恒爲工。」（管子小匡篇）階級固定不變，荀子則突破這種限制，主張階級上下流通。所以說：

雖王公士大夫之子孫也，不能屬於禮義，則歸之庶人。雖庶人之子孫也，積文學，正身行，能屬於禮義，則歸之卿相大夫。（王制篇）

荀子雖然主張的是階級社會制度，但卻主張賢人爲政，所以其基礎是建立在「能與不能」的階級意識之上，具有合理的性質。與當時普遍存在貴族階級專制現象，不可等量齊觀。

㈡經濟生活合理：封建時代的經濟大權，全由貴族階級控制，平民只不過是貴族驅使的工具而已，一般人的經濟生活，正如孟子所云：「仰不足以事父母，俯不足以畜妻子。」（梁惠王篇）其可憐的程度可見一般。到了荀子，則承襲了儒家的傳統思想，主張重農抑商，增加生產，合理分配。人君施政所應遵循的原則是：

節用以禮，裕民以政。（富國篇）

輕田野之稅，平關市之征，省商賈之數，罕興力役，無奪農時。（富國篇）

故澤人足乎木，山人足乎魚，農夫不斲削，不陶冶而足械用，工賈不耕田而足菽粟。（王制篇）

如此，財物流通，人民飽食足衣，犯上作亂的根源，自然消滅於無形之中。

㈢人際關係諧和：群體生活的基礎，是建立在和諧的人際關係之上，而人際關係最親密者，無過於倫理親情，如何才能使倫理親情發揮到極點，確保人際關係穩固，荀子以爲要靠禮義的教化。尤以親屬之內爲然。

父子不得不親，兄弟不得不順，夫婦不得不驩。少者以長，老者以養。（大略篇、富國篇）

所謂「不得」，就是不得聖王的禮法教化。由親情進而擴及友情，人際關係諧和，群體生活自然穩固了。他說：

高上尊貴，不以驕人；聰明聖知，不以窮人，齊給速通，不爭先人；剛毅果敢，不以傷人；不知則問，不能則學，雖能必讓，然後為德。遇君則修臣下之義，遇鄉則修長幼之義，遇長則修子弟之義，遇友則修禮節辭讓之義，遇賤而少者，則修告導寬容之義，無不愛也，無不敬也，無與人爭也。恢然如天地之苞萬物。（非十二子篇）

綜觀荀子所構想的「群居和一」之道，以明分爲根本，以分配經濟爲方法，以諧和人際關係爲歸趣。依此建立一個合理的社會環境，讓人生活在無憂無慮的新天地裏。

第四節　民本原理

民本思想，爲我國固有傳統的政治哲學，這個傳統到了儒家，已經發揮到了極致。爲政之道首在重民，已爲定論。所謂得民者昌，失民者亡，爲政之成敗，取決於人心之向背，能以「民之所好好之，民之所惡惡之。」（小戴禮記大學）則能上下一心，君民同體，國家興隆，指日可待，湯武由之而得天下。反之，橫征暴斂，與民爭利，雖不欲亡，也不可得，桀紂因之而失天下。荀子的「民本」觀念，也承襲了這個優良的傳統，發揚光大，以成其說。玆就民本思想的義界，承傳與內涵三方面分述於后。

一、民本思想的義界

民本思想與民主思想，二者含義有別。前者創自中國，後者來自泰西，彼此各有源流，自成體系，各有其對實際政治的貢獻，此則不可不辨。

在我國政治思想體系中，民本思想與君治觀念，二者兩位一體，關係密不可分㉜。因爲施政的各種措施，固然以人民的生活需要爲根本，但是設計各種施政措施的則是人君。雖然也强謂國家爲人民所有，君主也爲應人民的需要而設立的。所以政治雖以人民爲本，但執行施政措施的則是人君。然而，民主思想就不同了，民主思想實卽民治思想的同意詞，所謂民治係指由人民自己行使政權，也就是國家由全體人民共同治理的意思。此卽「民本思想」與「民主思想」不同之所在㉝，二者不可混爲一談。不過我國現行的民主政治，固然接受了許多西方民主思想，但其基本精神還是以民爲重，只不過將民本思想現代化起來，成爲最完善的民主思想內容而已。

披閱我國典籍，凡是言及政治問題，總以王道與仁政爲指針，以民本思想的精神爲圭臬。尚書所載，箕子爲武王所陳述的洪範九疇，中庸所載，孔子答哀公問政所擧的「爲天下國家者有九經」，都是歷代有道明君，爲改物建制施政之所本，而其目的，一言一蔽之，都是爲民而已。不僅要「畏民、重民、養民」，而且還要「貴民、安民、教民」。依此而言，凡是社會國家之政治、經濟、軍事、教育文化等，諸般措置，無一不是爲民而有，這些都是依據民本思想而設計的。

「民本」一詞，在我國典籍中見於尚書：「皇祖有訓，民可近，不可下，民惟邦本，本固邦寧。」（五子之歌）此後歷代先賢多有闡揚。晏子說：「卑而不失尊，曲而不失正，以民爲本也。」（內篇下問）賈誼說：「聞之於政也，民無不以爲本也。國以爲本，君以爲本，吏以爲本；故國以民爲安危，君以民爲威侮，吏以民爲貴賤，此之謂無不以民爲本也。」（新書大政篇）劉向說：「衣食者民之本也，民者國之本也。民恃衣食，猶魚之須水，國之恃民，如人之倚足；魚無水則不可以生，人失足則不可以步，國失民亦不可治。」（新論貴農篇）近如譚嗣同也說：「因民而後有君，君末也，民本也。」（仁說）這些都直接指出「以民爲本」。雖無民治思想，然亦未曾貶抑民本思想的價值。

此外，雖有民本思想，而無「民本」一詞者，如尚書云：「我王來，既宅于茲，重我民，無盡劉……恭承民命，用永地於新邑。」（盤庚篇）孟子云：「民爲貴，社稷次之，君爲輕。」（盡心篇下）荀子云：「國危則無樂君，國安則無憂君[34]。亂則國危，治則國安。」（王霸篇）像這些話，雖未標舉「民本」二字，但其實際含義，卻是民本思想的顯現。

二、民本思想的承傳

荀子的「民本」觀念，乃繼承了儒家的傳統。孔子向以民本爲重，爲民造福，是爲政者的要務。

孔子說：「道千乘之國，敬事而信，節用而愛人，使民以時。」（論語學而）政府官員要「敬事」、「守信」、「節用」、「愛人」，並不違農時。孔子很重視「民信」，「子貢問政。子曰：足食、足兵，民信之矣。子貢曰：必不得已而去，於斯三者何先？曰：去食，自古皆有死，民無信不立。」（論語顏淵）孔子主張的「愛人」，即是爲「民」謀福利，且要「博施濟衆」，並把理想懸的很高，以爲堯、舜似乎都未做到十全十美。「子貢曰：如有博施於民，而能濟衆，何如？可謂仁乎！子曰：何事於仁，必也聖乎！堯、舜其猶病諸。」（論語雍也）

儒家到孟、荀時代，更昌言施政要以人民爲主體。孟子曰：「民爲貴，社稷次之，君爲輕。」（盡心篇下）荀子亦曰：「天之生民，非爲君也；天之立君，以爲民也。」（大略篇）既言立君爲民之故，則人君必須以聖德教化，爲民造福。荀子說：

> 君子以德，小人以力……百姓之力，待之而後功，百姓之羣待之而後和，百姓之財待之而後聚，父子不得不親，男女不得不歡，小者以長，老者以養。故曰：天地生之，聖人成之。（富國篇）

荀子主張以「聖人」爲王，爲民造福，其所依據的就是孔子「因民之所利而利之」（論語堯曰）的觀念。故說：「以從俗爲善，以財貨爲寶，以養生爲己至道，是民德也。」（儒效篇）意即爲政者要順應民情，並以五段推論法言之。他說：

> 君者，民之原也，原清則流清，原濁則流濁，故有社稷者而不能愛民，不能利民，而求民之親愛己，不可得也。民不親不愛，而求其為己用，為己死，不可得也。民不為己用，不為己死，而求兵之勁，城之固，不可得也。兵不勁，城不固，而求敵不至，不可得也。敵至而求無危削，不滅亡，不可得也。（君道篇）

這則言論中所說的「愛民」、「利民」，就是荀子論政的根本。因爲愛民利民之後，國家才能強盛。何以愛民和彊國能成正比？荀子說：

且夫暴國之君，誰與至哉？彼其所與至者，必其民也，而其民之親我歡若父母，其好我芬若椒蘭，彼反顧其上，則若灼黥，若讎仇；人之情，雖桀跖，豈又肯為其惡，賊其所好者哉？是猶使人之子孫，自賊其父母也，彼將來告之，夫又何可詐也。（議兵篇）

這則言論是從反面立論，意謂殘暴的國君率其臣民侵略別國，然其民卻親別國，反視本國之君，殘暴可憎，若有深仇大恨。就人情言，即使桀跖那樣凶惡的人，豈肯為其所憎惡之人，而去賊害其所喜歡之人呢？猶如使人之子孫去賊害自己的父母，其子孫定會先來告知其父母，又怎可得而詐襲。由此可見，「國家之失政，則士民去之。」（致士篇）

荀子的「民本君治」，是要政通人和。他說：

上好禮義，尚賢使能，無貪利之心，則下亦將綦辭讓，致忠信，而謹於臣子矣。如是，則雖在小民，不待合符節，別契券而信，不待探籌投鉤而公，不待衡石稱縣而平，不待斗斛敦槩而嘖，故賞不用而民勸，罰不用而民服，有司不勞而事治，政令不煩而俗美，百姓莫敢不順上之法，象上之志，而勸上之事，而安樂之矣！……四海之民，不待令而一。（君道篇）

此言為政之人，若能崇禮、尚賢、輕利，則上行下效，天下之人，各守其分，各樂其業，天下自然太平。而荀子更希望附民，以「一四海」爲最終目標。後來終於出現了「六王畢，四海一。」（阿房宮賦）現在，我們中國正在謀求統一，正和當年的荀子完全相同，即「一四海」。目前正努力附民，想來「四海之民，不待令而一」的日子，爲期不遠矣。

三、民本思想的內涵

前文說荀子的「民本」觀念，由承襲儒家的傳統思想而來，其根本精神，仍是以愛民爲目的的政治理想㉟。荀子爲孔孟以後之大儒，其論政也無不準此而言。然而古代爲政，在治者方面以君爲主體，被治者方面則爲人民，既言爲政以民爲本，爲何又要設君？荀子說：

> 天之生民，非為君也；天之立君，以為民也。故古者，列地建國，非以貴諸侯而已；列官職，差爵祿，非以尊大夫而已。（大略篇）

此言設君之緣由，正是爲應民之需要而設，假使無民，便就根本無須設君，既因有民，而欲使其生活安樂美滿，便又不能無君。於此可知，設君之目的，乃是爲人民服務，而非貴諸侯、尊大夫。人民纔是政治上的主人。

其次，君既爲民而設，然而二者之間的關係又是如何呢？左傳云：「君子勞心，小人勞力。」（襄公九年傳）孟子亦云：「勞心者治人，勞力者治於人。」（滕文公篇）與其說這是一種階級論，不如說是分工合作論，聖人與民並耕而食，饔飧而治，斷非事實上所可能。此在荀子看來，君民之間，應有互相依存的關係㊱。所以爲政之道，首在服人得民㊲。荀子說：

聰明君子者，善服人者也。人服而勢從之，人不服而勢去之，故王者已服於人矣。（王霸篇）

首則言最聰明的君子，才能使人信服，使人信服之道，無非是善於爲民服務。凡能爲民服務之人，必能得到「百姓之力」、「百姓之死」、和「百姓之譽」。能得此三者，則「天下歸之」，「天下歸之之謂王」。反之，不善於爲民服務的人，則必不能得「百姓之力」、「百姓之死」、「百姓之譽」，不能得此三者，則「天下去之」，「天下去之之謂亡」。可見荀子是以民爲本的立場，言民心之向背，以定天下之歸去與存亡的㊳。

用國者，得百姓之力者富，得百姓之死者彊，得百姓之譽者榮，三得者具，而天下歸之，三得者亡，而天下去之。天下歸之之謂王，天下去之之謂亡。（王霸篇）

復次，人民既是國家之本，故一切政治設施，均應以服務人民爲要務，然則如何爲民服務呢？在荀子認爲應該從安民與生民兩方面來做㊴。他說：

馬駭輿，則君子不安輿；庶人駭政，則君子不安位。馬駭輿，則莫若靜之；庶人駭政，則莫若惠之。選賢良，擧篤敬，興孝弟，收孤寡，補貧窮；如是則庶人安政矣。（王制篇）

荀子以馬譬喻人民。遇到「馬駭輿」之事，祇有使之安靜一途；遇到「庶人駭政」之事，惟一的辦法，便是施以恩惠，換言之，就是施行仁政。施行仁政的具體辦法是：「選賢良，舉篤敬，興孝弟，收孤寡，補貧窮。」如此則庶人安政了。另一方面，就是生民，務使「養百姓安而樂之。」（王制篇）如何使百姓安而樂之。他又說：

節用裕民，而善臧其餘。（富國篇）

利足以生民，皆使衣食百用出入相揜，必時臧餘。（富國篇）

前述爲政之道，僅從安民與生民兩方面還不夠，更要進一步「平政愛民」，「如保赤子」。荀子說：

上莫不致愛其下，而制之以禮，上之於下，如保赤子。（王霸篇）

故君人者欲安，則莫若平政愛民矣。（王制篇）

君主對於人民，不僅要做到既養且教，尤須有「如保赤子」之愛心，施之於人民。爲政者最應從事的「莫若平政愛民」故又說：

故下之親上，歡如父母，可殺而不可使不順。（王霸篇）

故君人者，愛民而安。（君道篇）

君主對於人民，果能「如保赤子」，則人民對於君主亦必親而愛之，「歡如父母」，雖欲使不順，亦不可得。君民相親相愛，則天下自會悅服，萬民自然歸心。這就是荀子民本思想的內涵。

綜觀荀子的政治原理，以禮爲政治之總綱，禮治的效用，有賴於分、養、節三者的充分發揮。依禮制定國家各種法度，以爲一切行事之準則，法治的推行，以慶賞刑罰爲其手段。再利用人類具有合群的能力，建構合理的社會組織，使人人各安其位，各守其業，各盡其責，以求社會秩序的諧和。然後再由聖君賢相，推行以民爲本的政治措施，達到至平的理想境界。其理論構造之嚴密，自不待言。然其視人之性爲惡，自然之性本身不具道德意義，於是禮也非由人之內心所出，而是由聖王根據利害的比較上制定。因此，禮義在人本身沒有確切的保障，若要求其有保障於聖王，勢必要靠帶有强制性的政治了。因此其對人性根源自信不及，遂偏於功利，在利害上去求解決人的問題，不免要遠離孔孟之道了㊵。

【附註】

①周群振　荀子思想研究頁一六三

②禮　記　禮運：「是故禮者，君子大柄也，所以別嫌、明微、儐鬼神、考制度、別仁義。所以政治安君也。」

③同注②　坊記：「禮者因人之情而爲之節文，以爲民坊者也。」

④同注②　樂記：「禮也者。理之不可易者也。」

⑤同註①頁一六七。
⑥李滌生　荀子集釋頁三〇七註①。
⑦陳大齊　荀子學說頁一四四。
⑧同注①頁一六七。
⑨同注⑦頁一五六。
⑩魏元珪　荀子哲學思想頁二四一。
⑪蕭公權　中國政治思想史頁一一〇。
⑫楊大膺　荀子學說研究頁一〇六。
⑬韋政通　荀子與古代哲學頁二三。
⑭同注⑥頁三九三注⑦陶鴻慶以爲「爲」下當有「輕刑邪」三字。
⑮見本文第二章第二節之二。
⑯同注⑪頁一一三。
⑰胡　適　中國古代哲學史㈢頁四七。
⑱同注⑰㈢頁四七。
⑲同注⑦頁一二〇。
⑳同注⑪頁一一三。

㉑同注⑦　頁一六九。
㉒同注⑦　頁一六八。
㉓同注⑥　頁一七五注五。
㉔同注⑬　頁二五。
㉕鮑國順　荀子學說析論頁七七。
㉖同注⑥　頁一八〇注㈣。
㉗同注⑦　頁一六四。
㉘同注㉕　頁八七。
㉙侯家駒　中國經濟思想史頁八八。
㉚同注㉕　頁七七。
㉛沈添成　荀子的禮治思想華岡法科學報第二期頁二八。
㉜陳顧遠　中國文化與中國法系頁一六七。
㉝同注㉜　頁一五四。
㉞同注⑥　頁二四一注㈠。
㉟徐復觀　中國思想論集續編頁四四三。
㊱同注㉜　頁一六八。

㊲同注⑦　頁一六二。

㊳楊幼炯　中國政治思想頁一〇三。

㊴王雲五　先秦政治思想頁一〇九。

㊵同注㉟　頁四六二。

第四章　荀子的政治方術

禮是荀子學說的核心，而其政治措施，自以禮之根本原理爲依歸。故曰：「修禮者王。」（王制篇）「故用國者，義立而王。」（王霸篇）「天下歸之之謂王。」（正論篇）王是政治的極致，是政治應有的理想，亦是政治應盡的責任①。然而以何方式，來達成此一理想？他提出下列六種治世之術，玆分陳於后。

第一節　善群四統的設施

善群四統措施，是荀子的大政方針，而能達成此理想，盡此任務者，惟有人君。他說：

君者，善羣也。（王制篇）

君者，何也？曰：能羣也。（君道篇）

荀子以爲人君的本務，在於「善群」與「能群」。舉凡人民的生計，官吏之任使，禮德政刑，兵戎錢穀，乃至風俗教化，無一不在人君統籌兼顧之中。人君倘能發揮善群的特長，卽可達到「群居和一」的理想境界。有關善群之道，荀子稱其爲四統。

能羣也者，何也？曰：善生養人者也，善班治人者也，善顯設人者也，善藩飾人者也。……四統者俱，而天下歸之，夫是之謂能羣。（君道篇）

「四統者俱，而天下歸之」，「天下歸之之謂王」，因此，能實行四統者便可以稱王天下。四統是政治上所應採取的實際措施②。玆依序分述其梗概。

一、善生養人

「善生養人者也。」（君道篇）是荀子爲政四統中之第一統。所謂「生養」，意卽人君貴能興利除害，使人民衣食豐足，生活無匱乏之慮。無論老少長幼，鰥寡孤獨廢疾者，皆能得其所養。因此說「善生養人者人親之。」反之「不能生養人者，人不親也。」（君道篇）這種人人皆得其養的觀念，實無異於孔子的大同思想③。然則生養之道爲何？荀子說：

省工賈，衆農夫，禁盜賊，除奸邪，是所以生養之也。（君道篇）

依上所引，生養的對象，應當是全體人民。「省工賈，衆農夫」，是增加農業生產，充實人民生活資源；「禁盜賊，除奸邪」，是除暴安良，保障人民生命安全。惟此祇是原則性的提示，而無概括的敍述。故其具體措施，有待進一步探索。

選賢良，擧篤敬，興孝弟，收孤寡，補貧窮，如是，則庶人安政矣。（王制篇）

這裡所擧五事，前二事「選賢良，擧篤敬」是屬於四統中之第三統顯設。後三事屬於生養，「興孝弟」屬於敎，「收孤寡，補貧窮」屬於養。故生養之道，兼有敎與養的雙重意義。蓋人生而有欲，不得不養，荀子主張禮治，而禮者養也，就是養人之欲，給人之求，而其終極在乎敎化，使人知禮義。然則無論敎或養，都是原則性的指導大綱，故還未盡養之全部。

王者之法：等賦、政事、財萬物，所以養萬民也。（王制篇）

故天之所覆，地之所載，莫不盡其美，致其用……下以養百姓而安樂之。夫是之謂大神。（王制篇）

量地而立國，計利而畜民，度人力而授事，使民必勝事，事必出利，利足以生民，皆

使食衣百用，出入相揜，必時臧餘。（富國篇）

足國之道，節用裕民，而善臧其餘。（富國篇）

等差賦稅，正理民事，裁成萬物，都是爲了長養萬民。所裁成之萬物，在天地之間，無不盡其材之美而供人用。而且要養的百姓安而樂之。要使百姓安樂，不但要計利畜民，利足以生民，還要使百姓「出入相揜，必時臧餘」，生活富裕。如何才能使百姓富裕，荀子說：

不富無以養民情，……故家五畝宅，百畝田，務其業，而勿奪其時，所以富之也。（大略篇）

養民先要富民，富民之道，要使人民有所安居之處，可耕之田，使其專心工作，不要剝奪耕種的時節，人民自然富裕。富裕之後，還要愛民利民。

故有社稷者而不能愛民，不能利民，而求民之親愛己，不可得也。……故人主欲彊固安樂，則莫若反之民。（君道篇）

不利而利之，不如利而後利之之利也。不愛而用之，不如愛而後用之之功也。利而後利之，不如利而後不利者之利也。愛而後用之，不如愛而不用者之功也。（富國篇）

愛民利民，所以保社稷有天下也。不愛民利民，而求百姓之親己愛己，效死盡忠，必不可得也。故曰：「愛民而安。」（君道篇）「欲安，則莫若平政愛民矣。」（王制篇）「愛民者彊，不愛民者弱。」（議兵篇）政府愛民利民，人民自然歡之如父母，樂爲政府所用。故愛而後用，利而後利，比諸不愛而用，不利而利，自可有較大的成就。但能利而不利，愛而不用，則其功效更大④。

上莫不致愛其下者，而制之以禮，上之於下，如保赤子。（王霸篇）

故下之親上，歡如父母，可殺而不可使之不順。（王霸篇）

政府對於人民，「如保赤子」，則人民對於政府，亦必親之愛之，「歡如父母」，雖欲使之不順，也不可得。上下相親相愛，國家自然安定了。國家安定，是政治理想的極致，而惟有愛民利民，始能致國家於安定境地，故愛民利民是生養的要着⑤。

養民固然重要，然人性是惡的，欲望是無窮的，故不可順其自然，否則必養出大批悍民，以欲利之心勝過好義之心，則社會必然顛危。但荀子認爲人性雖惡，惟因人心有知善之能力，故可藉禮義之道以教化之，使其趨向於善⑥。所以荀子云：

雖堯舜不能去民之欲利，然而能使其欲利不克其好義也。（大略篇）

不敎無以養民性。…立大學，設庠序，修六禮，明七敎，所以道之也。（大略篇）

遁逃反側之民，職而敎之，須而待之，勉之以慶賞，懲之以刑罰。（王制篇）

其臣下百吏，汙者皆化而脩，悍者皆化而愿，躁者皆化而慤，是明主之功已。（富國篇）

直木不待隱栝而直者，其性直也。枸木必將待隱栝烝矯然後直者，以其性不直也。今人之性惡，必將待聖王之治，禮義之化，然後始出於治，合於善也。（性惡篇）

庶民百姓，須待禮義之敎化，而後可成德爲善；百姓之年少者，須入大學庠序；庶人中有遁逃禮義之敎化，反側不安者，須各就其職分而敎導之，以待其自心悔悟，民有善行，則勉之以慶賞；有惡行，則懲之以刑罰。人性雖惡，但是可化，若能敎誨得當，惡者自能遷惡爲善，而一切盜賊奸邪之徒，自可消除。所以生養與敎化是不可分離的。

上述善生養人，包括愛民、利民、敎民三者，唯就「愛民而安，好士而榮」一義來看，四統之中，生養與顯設二統，最爲荀子所特別重視，其餘二統，皆由顯設一統所衍生。⑦而其要義，無非「尙賢使能」而已，蓋人才關乎國家強弱，故政府用人，應本大公無私，唯材是用，爲實現理想政治的第一步。

二、善班治人

「班治」爲四統中之第二統。所謂「班治」，乃是設官分職，奉公守法，治理萬民的意思⑧。爲何要班治呢？因爲「善班治人者人安之。」反之「不能班治人者，人不安也。」（君道篇）然則班治之道爲何？荀子云：

天子三公，諸侯一相，大夫擅官，士保職，莫不法度而公，是所以班治之也。（君道篇）

聖王治國，布施仁義之政，旨在爲人民服務。然而人群社會，事務紛繁，實非一人所能勝任愉快，故應有組織政府，設官分職，以襄治理之必要。荀子所理想的政府組織，是以君臣分工，各有專司。中央政府除天王外，舉有十四類官職，且分別訂定其職掌，在天王領導之下，各司其責，其官名及職掌之事如左：

1. 天王　全道德、致隆高，綦文理，一天下，振毫末，使天下莫不順比從服。
2. 辟公　論禮樂，正身行，廣敎化，美風俗，兼覆而調一之。
3. 冢宰　本政敎，正法則，兼聽而時稽之，度其功勞，論其慶賞，以時愼脩，使百吏免盡，而衆庶不偸。
4. 司寇　折暴禁悍，防淫除邪，戮之以五刑，使暴悍以變，姦邪不作。
5. 治市　脩採清，易道路，謹盜賊，平室律，以時順脩，使賓旅安而貨財通。
6. 傴巫跛擊　相陰陽，占祲兆，鑽龜陳卦，主攘擇五卜，知其吉凶妖祥。
7. 工師　論百工，審時事，辨功苦，尙完利，便備用，使雕琢文采不敢專造於家。
8. 鄕師　順州里，定廛宅，養六畜，閒樹藝，勸敎化，趨孝弟，以時順脩，使百姓順命，安樂處鄕。
9. 虞師　脩火憲，養山林藪澤草木、魚鼈、百索，以時禁發，使國家足用，而財物不屈。
10. 治田　相高下，視肥墝，序五種，省農功，謹蓄藏，以時順脩，使農夫樸力而寡能。
11. 司空　脩隄梁，通溝澮，行水潦，安水臧，以時決塞，歲雖凶敗水旱，使民有所耘艾。
12. 大師　脩憲命，審詩商，禁淫聲，以時順脩，使夷俗邪音不敢亂雅。

13.司馬　知師旅、甲兵、乘白之數。

14.司徒　知百宗、城郭、立器之數。

15.宰爵　知賓客、祭祀、饗食、犧牲之牢數。

以上是荀子在王制篇序官一節中的政府組織、官吏的配備。其所舉職類，包括土木、水利、農業、漁業、林業、工藝、交通、商業、教育、音樂、司法、軍政、警察、銓敍，以至祭祀、卜筮，政治措施上一切項目，幾於列舉無遺⑨。其官職類別設想之周密，實在值得注意和讚賞。

惟荀子主張法後王之制，他說：

後王之成名，刑名從商，爵名從周，文名從禮，散名之加於萬物者，則從諸夏之成俗曲期。（正名篇）

由此看來，其政府組織，採取商代之刑法，周代的爵名，他雖本孔子「吾從周」之義，然視其所設計之政府組織，既不同於周代的實際政治制度，也異乎周禮，更非秦漢以後之官制，所以這種政府的組織，諒必是荀子自己所理想的，所希望的政府輪廓而已。政府有了輪廓，官吏有了分類，下一步就是君臣分工，處理國家大政。荀子說：

守時力民，進事長功，和齊百姓，使人不偷，是將率之事也。……若夫兼而覆之，兼而愛之，兼而制之，歲雖凶敗水旱，使百姓無凍餒之患，則是聖君賢相之事也。（富國篇）

故政事亂，則冢宰之罪也；國家失俗，則辟公之過也；天下不一，諸侯俗反，則天王

非其人也。（王制篇）

政府設官分職之後，各有職守，各有專責。所司職責，不能獲致成效，則司其事者，就要負失職之責任。如何才能獲致成效？那就要「法度而公」。公務員最重要的操守，乃是「奉公守法」，爲官者倘皆能「奉公守法」，工作自然就有成效。因爲：

公生明。（不苟篇）

王者之人：飾動以禮義，聽斷以類，明振毫末，擧措應變而不窮，夫是之謂有原。（王制篇）

纂論公察，則民不疑……兼聽齊明，則天下歸之。（君道篇）

公可生明，明則聽斷可以得當，毫釐不失。既公且明，就可以使人民不疑惑，而使天下歸之。

政府各類官吏，既爲襄理政事而設，故必須都能稱職，而非尸位素餐。惟選用和罷免之權，俱操於人君之手，因此選用官吏，應以廓然至公之心，惟眞實才能是求，勿爲私情所蔽。荀子說：

無卹親疏，無偏貴賤，唯誠能之求？若是，則人臣輕職業讓賢，而安隨其後。如是，則舜禹還至，王業還起；功壹天下，名配舜禹，物由有可樂，如是其美焉者乎！（王霸篇）

賢能不待次而擧，罷不能不待須而廢。（王制篇）

選用官吏，荀子特重「唯誠能之求」的人，定位授官，以「德」與「能」爲標準，而非由歷史所形成的固定階級⑩。故云「論德而定次，量能而授官，皆使人載其事，而各得其宜。」（君道篇）這一原前，在荀子書中的許多篇章一再出現，反覆強調，足見其重視程度之深。玆錄其要者數則如左，以見其義。

論德而定次，量能而授官，使賢不肖皆得其位，能不能皆得其官。萬物得其宜，事變得其應，……言必當理，事必當務。（儒效篇）

無德不貴，無能不官，無功不賞，無罪不罰，朝無幸位，民無幸生。尚賢使能，而等位不遺。（王制篇）

德必稱位，位必稱祿，祿必稱用。……故自天子通於庶人，事無大小多少，由是推之。故曰：朝無幸位，民無幸生。（富國篇）

上引各節，是選用官吏的標準，如果紊亂了這個標準，使「德不稱位，能不稱官」（正論篇）將會造成極大的混亂與災難。政治的極致，就是使有德者在位，有能者任官，人載其事，各得其宜，各足其用，也就是「德必稱位，位必稱祿，祿必稱用。」（富國篇）

三、善顯設人

「顯設」是爲政四統中之第三統。所謂「顯設」，乃量材授職，使賢能各當其位之意⑪。爲何要顯設呢？因爲「善顯設人者人樂之」，反之「不能顯設人者，人不樂也。」（君道篇）顯設之道，荀子說：

> 論德而定次，量能而授官，皆使人載其事，而各得其所宜，上賢使之為三公，次賢使之為諸侯，下賢使之為大夫；是所以顯設之也。（君道篇）

顯設中所說的用人原則，就是「德必稱位，位必稱祿」，此一原則即第二統設官分職之依據。至於顯設的重要性，荀子如是說：

> 故君人者，欲安，則莫若平政愛民矣；欲榮，則莫若隆禮敬士矣；欲立功名，則莫若尚賢使能矣。是人君之大節也。三節者當，則其餘莫不當矣。三節者不當，則其餘雖曲當，猶將無益也。（王制篇）

「平政愛民」、「隆禮敬士」、「尚賢使能」是荀子所說的三節。也是人君欲安、欲榮、欲立功名的先決條件。這三節中包含愛民與用人二事。能愛民得士，則國家可以安，可以榮。愛民與用人兩事辦不好，其餘雖辦得好，亦將無益於國家的安榮。故愛民與用人在荀子看來，是治國的根本要圖⑫。而在用人方面，尤重「德」與「能」。

> 王者之論：無德不貴，無能不官；無功不賞，無罪不罰；朝無幸位，民無幸生。尚賢使能，而等位不遺。（王制篇）

> 案然脩仁義，伉隆高，正法則，選賢良，養百姓，為是之日，而名聲剸天下之美矣。（王制篇）

「無德不貴，無能不官」，是上承孔子以德致位之理想，下開秦漢布衣卿相之風，對中國歷史影響很大⑬。政府官吏職位銓敘如無失誤，則人人賢能稱職；民間百姓，人人若能盡力生產，是荀子理想中的禮治政治。所以人主苟能脩仁德、隆禮義，正法則，選賢良，養百姓，如此作爲，聲名自然專美於天下人。由此可知，用人之要義，在於「尚賢使能」，而欲舉尚賢使能的實際效果，首先要分辨賢不肖與能不能。其辨別之法，荀子說：

> 口能言之，身能行之，國寶也。口不能言，身能行之，國器也。口能言之，身不能行，國用也。口言善，身行惡，國妖也。治國者敬其寶，愛其器，任其用，除其妖。（大略篇）

人之賢不肖，能不能，荀子把它分爲四類：所謂國寶，卽口能言禮義之理，而身又能切實篤行禮義之道，以竟其全功的人。其次國器，口雖不能言禮義之理，但却能身體力行禮義之道，以盡力盡粹的人，亦是國家之大器，故應畀予重任。其三國用，口能言禮義之理，足以爲治者之警鐘，採其言可以治國，雖其本身未必能踐行禮義之道，但其言足堪爲國之大用，故亦應重任之。其四國妖，此輩言善行惡，陽奉陰違，顯然爲諂媚阿諛之徒，爲國之大妖，治者用之，足以自蔽，故應盡力免除，不可親近私阿，予其幸進機會，俾免誤事誤國⑭。賢不肖既已判定，然而才德又有高低之分，用有大用小用之別，於是又有「三才」之論，說明各級官吏應具備之才德。故又說：

材人：愿愨拘錄，計數纖嗇，而無敢遺喪，是官人使吏之材也。脩飾端正，尊法敬分，而無傾側之心，守職脩業，不敢損益，可傳世也。而不可使侵奪，是士大夫官師之材也。知隆禮義之為尊君也，知好士之為美名也，知愛民之為安國也，知有常法之為一俗也，知尚賢使能之為長功也，知務本禁末之為多材也，知無與下爭小利之為便於事也，知明制度，權物稱用之為不泥也，是卿相輔佐之材也。（君道篇）

這則言論，可說是「論德而定次，量能而授官」的實施細則⑮。所謂「三材」，即是「官人使吏之材」，「士大夫官師之材」，「卿相輔佐之材」，說明各級官吏應具備之才德，及其所應守之分際。然後依其才德高低，分別授予官職。故說：

若夫譎德而定次，量能而授官，使賢不肖皆得其位，能不能皆得其官。（儒效篇）

務使天下無倖進之人，亦無見棄之才，才德高者，固可以任大事，才德低者，亦非完全是無用之人，故務必依其才德之高低，分別畀予大事或小事，所任的事，正與其才德相稱，各能勝任愉快，不致有僨事之虞⑯。然而這些都是用人的最高原則，至於此原則如何實際運用？荀子更進一步指出：

賢能不待次而舉，罷不能不待須而廢，元惡不待教而誅。（王制篇）

以善至者待之以禮，以不善至者待之以刑。兩者分別，則賢不肖不雜，是非不亂。（王制篇）

用人之道，積極的是「賢能不待次而舉」，「以善至者待之以禮」，任用賢而能者，應不按官位次序而擢升，也不論其原來社會地位，因爲賢而能者是非常之人，舉用非常之人，不能不用非常之法。消極的是「罷不能不待須而廢，元惡不待教而誅」，「不善至者待之以刑」，如此「權謀傾覆之人退，則賢良知聖之士案自進矣。」（王制篇）舉賢良，罷不肖，雙管齊下，然後賢者可以安位盡責，政治自然清明⑰。至於賢良的選法，荀子說：

雖王公大夫之子孫也，不能屬於禮義，則歸之庶人。雖庶人之子孫也，積文學，正身行，能屬於禮義，則歸之卿相士大夫。（王制篇）

內不可以阿子弟，外不可以隱遠人，……然而求卿相輔佐，則獨不若是其公也，案唯便嬖親比己者之用也，豈不過甚矣哉！……故明主……無私人以官職事業。（君道篇）

賢能的選法，荀子以爲必須大公無私，不應論資格之高低，不應受門第之限制，尤不可以阿子弟用便嬖。雖貴族之子孫，若其才德不足以任事，祇好不選，任其爲一個普通的百姓。雖庶人之子孫，若其才德足以任事，亦應擢升爲卿相士大夫。「則不獨若是之公也，……無私人以官職事業」之言，極具卓識。選用賢能是國家的大事，荀子以「公」一字爲選用賢能的要訣，爲後世在政治上樹立了人格平等的原則，是對中國歷史文化的一大貢獻⑱。

四、善藩飾人

「藩飾」是爲政四統中最後一個措施。所謂「藩飾」，乃是使各級官吏，車服器物，各有等差，以別貴賤者也⑲。爲何需要藩飾？因爲「善藩飾人者人榮之。」（君道篇）反之「不能藩飾人者，人不榮也。」（君道篇）至於藩飾之道爲何？荀子說：

修冠弁衣裳，黼黻文章，雕琢刻鏤，皆有等宜：是所以藩飾之也。（君道篇）

凡是德稱其位，能稱其職的人，依其所負責任之輕重大小，必須給予相當的獎賞，合理的報酬，用以鼓勵。鼓勵之方法，或從服飾之文章，或從器用之雕鏤，製成不同標識，以顯示其尊卑等差，此乃表彰人之成就而鼓勵其上進之心者⑳，這種方式，不僅使人敬業，亦且使人樂業；不僅使人專業化，科學化，亦且合情合理；不僅使人榮耀，且可獎掖後進，瓜代更新，政治必然日有進步㉑。

爵列、官職、賞慶、刑罰，皆報也，以類相從者也。一物失稱，亂之端也。（正論篇）

凡是爵位、官職、賞慶、刑罰，都是作爲報酬之用的，使得善惡各得其所報。賞罰的事情有一件處理得不恰當，就會引起混亂。所以要賞必當功，罰必當罪。賞必當功之道是：按照人與事之實情，加以分類，使其相應相稱，並按照分類的等級，加以標誌，使其易於分別貴賤等差，而不是強分階級。

若夫重色而成文章，重味而成珍備，是所衍也。聖人財衍，以明辨異，上以飾賢良而明貴賤，下以飾長幼而明親疏。上在王公之朝，下在百姓之家，天下曉然皆知其所以為異

也，將以明分達治而保萬世也。（君道篇）

「上以飾賢良而明貴賤，下以飾長幼而明親疏。」爲的是明分使群，達到郅治，使人人永享太平，至於藩飾的原則，亦因人之地位高低不同而異。

禮者，貴賤有等，長幼有差，貧富輕重皆有稱者也。故天子袾裷衣冕，諸侯玄裷衣冕，大夫裨冕，士皮弁服。德必稱位，位必稱祿，祿必稱用。（富國篇）

依上引文，說明禮之功用在於明分，分的作用中自有「稱」的功效。稱卽相稱，相稱之道，乃使天子、諸侯、大夫、士的衣帽服飾，以不同的顏色，作爲標識，以顯示其貴賤尊卑。

古者先王分割而等異之也，故使或美、或惡、或厚、或薄、或佚樂，或劬勞，非特以為淫泰夸麗之聲，將以明仁之文，通仁之順也。故為雕琢、刻鏤、黼黻、文章、使足以辨貴賤而已，不求其觀；為之鐘鼓、管磬、琴瑟、竽笙，使足以辨吉凶、合歡、定和而已，不求其餘；為之宮室、臺榭、使足以避燥濕、養德、辨輕重而已，不求其外。（富國篇）

先王之所以要分別人倫貴賤尊卑，等差其生活享用及工作的原因，乃在彰明隆禮尊賢的禮樂等級制度及次序，並非特別製造荒淫、驕恣、奢侈、華麗。因此使人、在視覺上能辨識貴賤等級；在聽覺上能辨別吉凶，使人們歡樂和諧；在感覺上，能使人避免燥濕，保養德性，辨別尊卑足已。尤其一國之君，不僅生活上要安富尊榮，權力上要勢重威強，才能顯示出其地位之崇高

㉒。知夫為人主上者，不美不飾之不足以一民也，不富不厚之不足以管下也，不威不強之不足以禁暴勝悍也，故必將撞大鐘，擊鳴鼓，吹笙竽，彈琴瑟，以塞其耳；必將芻豢稻粱，五味芬芳，以塞其口。然後衆人徒，備官職，漸慶賞，嚴刑罰，以戒其心。使天下生民之屬，皆知己之所願欲之擧在是于也，故其賞行；皆知己之所畏恐之擧在是于也，故其罰威。賞行罰威，則賢者可得而進也，不肖者可得而退也，能不能可得而官也。（富國篇）

人君領導群倫，治理國家，責任極爲重大，所以必須安富尊榮，勢重威強。因爲若不美不飾，卽無足夠之尊嚴來統一人民；不富不厚，卽無足夠的物力來管制屬下；不威不強，卽無足夠的力量來禁暴勝悍。在生活滿足之後，還要增加人徒，配備官職，加重賞賜，嚴行刑法，使人心生警戒。如此，使天下之人旣知自己所願望的安富尊榮，皆可由此取得，也知道自己所畏懼的貧賤死亡，皆可加於其身，這就是由賞賜所發生的勸善作用；由刑罰發揮了嚇阻的威力㉓。於是賢能者進而不肖者退，能不能都各自得到合理的官位。眞正做到「德必稱位，位必稱祿」。於是「百官則將齊其制度，重其官職，若是，百吏莫不畏法而遵繩矣。」（王霸篇）

【附　註】

①陳大齊　荀子學說頁一六一。
②同註①　頁一六二。
③禮　記　禮運篇大同章。
④同註①　頁一六四。
⑤同註①　頁一六四。
⑥同註①　頁一六三。
⑦李滌生　荀子集釋頁二七四註⑤。
⑧同註⑦　頁二七四註③。
⑨同註①　頁一六五。
⑩徐復觀　荀子政治思想之解析。見中國思想論集續編頁四五四。
⑪同註⑦　頁二七四註③。
⑫同註①　頁一六六。
⑬韋政通　荀子與古代哲學頁九五。

⑭魏元珪 荀子哲學思想頁二〇二。

⑮同註① 頁一六七。

⑯同註① 頁一六七。

⑰同註⑬ 頁九三。

⑱同註⑬ 頁九五。

⑲同註⑪ 頁二七四注③。

⑳周群振 荀子思想研究頁一七七。

㉑余書麟 先秦教育思想頁二五〇。

㉒同註⑪ 頁二〇二註④至註⑨。

㉓同註⑪ 同書頁二一二註④至註⑧。

第二節 人君爲政的原則

荀書有君道一篇，專論爲君之道；其要點有三：一曰脩己。脩已是人君之基本條件：其在主觀上應有無限崇高的德性；其在客觀上應具有絕對尊嚴之地位，如此，才能領導群倫，完成其所應盡或願盡之責任①。二曰愛民。民爲國本，故爲政以愛民爲先，愛民之道，以得人脩政爲要，厚養其生，富裕其財，敎化其知，三者兼顧，則天下歸一。三曰任賢。任賢之道，論德定次，稱位制祿。而便嬖左右足信者，卿相輔佐足任者，喩志決疑於遠方者，三類人材缺一不可。玆依次申述如后。

一、修身爲善政之始基

荀子論君，名稱雖多不一，然究其實，則無二致。總而言之，在他思想之中，認爲最理想的人君，就是聖王。本節擬就君之性質，德能及爲政之道，申述其要。

有關君之性質，荀子在君道篇首先揭擧其重要性，他說：

有亂君，無亂國；有治人，無治法。……法者、治之端也；君子者、法之原也。故有君子，則法雖省，足以徧矣。……故明主急得其人，而闇主急得其勢。急得其人，則身佚而國治，功大而名美。上可以王，下可以霸。（君道篇）

君子者，道法之總要也，不可少頃曠也。得之則治，失之則亂；得之則安，失之則危；得之則存，失之則亡，故有良法而亂者有之矣，有君子而亂者，自古及今，未嘗聞也。傳曰：「治生乎君子，亂生於小人。」此之謂也。（致士篇）

上引兩則言論，乃從「君」和「法」說明君之重要性，就國家而言，國家和禮法同等重要，惟徒法不能自行，有賴君子的推行，禮法是治國的工具，人君則是治國的主宰，故說「法者治之端也，君子者法之原也」，因此「治人」與「治法」是分不開的，國家的治亂，關鍵在君而不在法，因以人爲本，法爲末。由此益顯人君之重要矣。

至於設君之理由爲何，荀子也有明確的陳述。他說：

> 無君以制臣，無上以制下，天下害生縱欲，欲惡同物，欲多而物寡，寡則必爭矣。故百技所成，所以養一人也。而能不能兼技，人不能兼官。離居不相待則窮，羣居而無分則爭；窮者患也，爭者禍也，救患除禍，則莫若明分使羣矣。（富國篇）

能群乃人之特色，然而無分則爭矣！因爲人生而有欲，欲惡相同，欲多而物寡，故須明分使群，以防止因窮而爭。所以說：「人君者，所以管分之樞要也。」（富國篇）此即立君之故也。

人君因要實行禮義之治，所以又要倡導尊君。荀子說：

> 君者，國之隆也；父者，家之隆也。隆一而治，二而亂。自古及今，未有二隆爭重，而能長久者。（致士篇）

> 天子者，勢位至尊，無敵於天下。……道德純備，智惠甚明，南面而聽天下，生民之屬，莫不震動從服以化順之。（正論篇）

> 天子無妻，告人無匹也。四海之內無客禮，告無適也。……天子也者，勢至重，形至佚，心至愈，志無所詘，形無所勞，尊無上矣。（君子篇）

上列三則言論，首則說「君者，國之隆也」，卽言國君之地位，在一國之中最爲崇高，但這種尊君觀念，並非從君所擁有的權勢上着眼。故下文接着說「父者家之隆」並擧。蓋因父在家庭中的地位，顯然只是維持一家人生存或安定之一尊長而已，自然談不上任何權威勢力。然則我們得明白父之隆於家，卽可得明白君之隆於國。家不尊父或父不能自尊於家，而物議紛紜，則家必不齊；國不尊君或君不能自尊於國，而政出多門，則國必不治。所以說「隆一而治，二而亂，未有二隆爭重而能長久者」②。其餘二則俱言天子的勢位至尊，乃因「道德純備，智慧甚明」，故天下人民，無不從服受化。亦正因其尊貴，故無迎親之禮；四海之內，也無賓客之禮，現示無人可與之匹敵。

故天子唯其人。天下者，至重也，非至彊莫之能任；至大也，非至辨莫之能分；至衆也，非至明莫之能和。此三至者，非聖人莫之能盡。故非聖人莫之能王。聖人備道全美者也，是縣天下之權稱也。（正論篇）

天下者，乃至重、至大、至衆的事業，故非有如聖人之至強，至辨，至明，不足以治之。因此非「備道全美」之聖人，不足以治理天下。然則聖人如何治理天下？荀子說：

請問為國？曰聞脩身，未嘗聞為國也。君者儀也，民者景也，儀正而景正。君者槃也，民者水也，槃圓而水圓。君者盂也，盂方而水方。……君者，民之原也；原清則流清，原濁則流濁。（君道篇）

「爲國」卽治國，應爲國君重視之大事。然當人請問其事時，荀子却以「聞脩身，未嘗聞爲國」答之。此非荀子不知治國之重要，而是藉以反顯君主本身條件，不可疏忽也。君主的行爲，是人民的表率，故其良窳，直接影響國民的素質。所以說「儀正而景正」，人民是國家組成的要素，也是政治措施中唯一主體，其重要性可見一般。而爲人民之原的君主，在政治體制之中的地位，也就更重要了。至於「原清則流清，原濁則流濁」，一方面說君對人民之可能影響，一方面正所以顯示君主擔當之重。他在一切政治措施中，是要實際負起人民安善（流清）或爭亂（流濁）之責任，所以荀子認爲天子的地位，至高無上的。

以上爲荀子尊君的理由，然則人君治國，所持何道？荀子說：

> 請問為人君？曰：以禮分施，均徧而不偏。請問為人臣？曰：以禮侍[3]君，忠順而不懈。請問為人父？曰：寬惠而有禮。請問為人子？曰敬愛而致文。請問為人兄？曰：慈愛而見友。請問為人弟？曰：敬詘而不茍。請問為人夫？曰：致功而不流，致臨而有辨。請問為人妻？曰：夫有禮則柔從聽侍，夫無禮則恐懼而自竦也。此道也，偏立而亂，俱立而治，其足以稽矣。請問兼能之奈何？曰：審之禮也。古者先王審禮以方皇周浹於天下，動無不當也。（君道篇）

此則言論，是綜論社會人倫之間的道理，都有一定的分際，若偏於一面，失其中正，就足以招致禍亂；若兩面俱立，得其中正，就足以得安和。就人君治國之道言，不僅要「以禮分施」，而且要「均偏不偏」，才能兼顧，如何才能兩面兼顧？要推求之於禮，其道就能俱立。先王能審之於禮，也能行之於天下，因此一擧一動，無不曲得其宜。這就是說，禮爲治事之標準。此外，荀子認爲國君治國的目標，就是要領導人民走向安和樂利之境，所以他說：

道者何也？曰：君之所道也。君者，何也？曰：能羣也。能羣也者，何也？曰：善生養人者也，善班治人者也，善顯設人者也，善藩飾人者也。善生養人者人親之，善班治人者人安之，善顯設人者人樂之，善藩飾人者人榮之。四統者具，而天下歸之，夫是之謂能羣。（君道篇）

荀子所揭示的「道」，就是君道，亦卽「能群之道」，能群之道，就是君主所遵行之原則，集合多數人而使之和諧相處之意也④。其綱目可分爲：善生養人，要使人民衣食無虞；善理治人，要使政府政治清明；善顯設人，要使選賢擧能；善藩飾人，要嘉勉善行。國君若能「善群」，實行「四統」，則必國富民安，社會祥和。此外，荀子主張人君治國，務昭聖德於天下，反對法家「主道利周」之說。他說：

世俗之為說者曰：主道利周。是不然，主者，民之唱也，上者，下之儀也。彼將聽唱而應，視儀為動；唱默則民無應也，儀隱則下無動也；不應不動，則上下無以相有也。若是，則與無上同也；不祥莫大焉。故上者，下之本也。上宣明，則下辨治矣；上端誠，則下愿愨矣；上公正，則下易直矣。……是治之所由生也。上周密，則下玄疑矣；上

幽險，則下漸詐矣；上偏曲，則下比周矣。……是亂之所由生也。故主道利明不利幽，利宣不利周。（正論篇）

「主道利周」乃法家重君術之道術，人君用權術統馭下民，惟在周密幽險之下，才可施其毒狠殘忍之手段，以驅策天下。故荀子斥之為俗說，並力駁其非。蓋荀子以為人君之道，在「利明不利周，利宣不利幽」，因為「上者下之本也」，所以主張人君應具宣明、端誠、公正之德，以成就人民治辨、愿愨、易直之行⑤。這就是荀子不同於法家之處也。

二、愛民為善政之目標

荀子論君，推尊之極，然其愛民，更有甚於尊君。他的民本思想，雖無賦予人民政權之觀念，但卻承認人民是構成國家的要素，也是政治唯一的主體。故云：「人君者，欲安，莫若平政愛民矣。」（王制篇）尊君是為建立制度，以利禮治主義之推行，愛民則是其實現禮治政治之目標，而能擔當此一重責大任者，唯有仁人君子。愛民的內容，包括養民、利民、教民三者。荀子說：

治萬變，材萬物，養萬民，兼制天下者，莫若仁人之善也夫。故其知慮足以治之，其仁厚足以安之，其德音足以化之。得之則治，失之則亂。百姓……誠美其厚也，故為之出死斷亡以覆救之，以養其厚也；誠美其德也，故為之雕琢刻鏤黼黻文章，以藩飾之，以養其德也。故仁人在上，百姓貴之如帝，親之如父母。（富國篇）

仁人之君子，其知足以治民，仁厚足以安民，德音足以化民，故百姓爲之出死要節，親之如父母，足見爲人君者，先要重視德操，以德愛民。又說：

> 故有社稷而不能愛民，不能利民者，而求民之親愛己，不可得也。民不親不愛，而求其為己用為己死，不可得也。……故人主欲强固安樂，則莫若反之民，欲附下一民，則莫若反之政，欲脩政美俗，則莫若求其人。……故君人者，愛民而安，好士而榮，兩者無一焉而亡。（君道篇）

人君倘欲彊固安樂，則莫若反之於民，欲附和齊一人民，則莫若反之於政。須平政愛民，國家才得安定。所以爲人君者，倘不能愛民利民，而欲民之親己愛己，是不可得也。因此，他提出愛民的具體措施，首先要養民。

> 故古人為之不然：使民夏不宛暍，冬不凍寒，急不傷力，緩不後時，事成功立，上下俱富；而百姓皆愛其上。人歸之如流水，親之歡如父母，為之出死斷亡而愉者，無它故焉，忠信、調和、均辨之至也。故國君長民者，欲趨時遂功，則和調累解，速乎急疾；忠信均辨，説乎慶賞矣；必先脩正其在我者，然後徐責其在人者，威乎刑罰。三德者誠乎上，則下應之如景嚮，雖欲無明達，得乎哉！（富國篇）

愛民之道，首在養民，滿足人民生活上的基本需要，使民「夏不宛暍，冬不凍寒」，「歲雖凶敗水旱，使百姓無凍餒之患」（富國篇），能做到「事成功立，上下俱富」，百姓就能皆愛其上，歸之如流水，親之如父母矣。故愛民之道，養民第一。君主若不能養民，卽爲殘民，其後果將不堪設想。荀子說：

> 今之世而不然：厚刀布之斂，以奪之財；重田野之賦，以奪之食；苛關市之征，以難其事。不然而已矣：有掎挈伺詐，權謀傾覆，以相顛倒，以靡敝之。百姓皆曉然知其汙漫暴亂，而將大危亡也。是以臣或弒其君，下或殺其上，粥其城，倍其節，而不死其事者，無他故焉，人主自取之。（富國篇）

厚刀布以奪其財，重田賦以奪其食，苛關市以難其事，皆殘民之事實，若是，則上下交征利，在上者互相猜疑，在下者懷有背叛之心，一觸卽發，造成臣弑其君，下殺其上的大禍，荀子歸諸人主不能養民也。如此，則國之不滅亡，亦不可得也。故荀子主張，養民之後，還要利民，利民之道，莫過於施惠於民。施惠於民，方能服人得民。故云：「聰明君子者，善服人者也。人服而勢從之，人不服而勢去之，故王者已服於人矣。」（王霸篇）服人之道，積極的要與天下之同利，除天下之同害。荀子說：

> 湯武者，脩其道⑥，行其義，興天下之同利，除天下之同害，天下歸之。故厚德音以先之，明禮義以道之，致忠信以愛之，尚賢使能以次之，爵服賞慶以申重之，時其事，輕其任，以調齊之，潢然兼覆之，養長之，如保赤子。生民則致寬，使民則綦理，辯政令制度，所以接下之人百姓，有非理者如毫末，則雖孤獨鰥寡，必不加焉。是

故百姓貴之如帝，親之如父母，為之出死斷亡而不愉者，無它故焉，道德誠明，利澤誠厚也。（王霸篇）

湯武之所以能王天下，就在於能「脩道」，「行義」，「興天下之同利，除天下之同害」，更能「時其事，輕其任」。「生民則致寬，使民則綦理」，都是既愛而又利之的具體作法，尤其與百姓切身有關的政令法制，即使有些微不合理的，都不能加於其身，可見荀子對於愛民利民的要求，是多麼澈底。至於在消極方面的利民，荀子說：

八十者一子不事，九十者擧家不事，廢疾非人不養者，一人不事，父母之喪，三年不事，齊衰大功，三月不事，從諸侯來⑦，與新有昏，朞不事。（大略篇）

力役之輕重，關係百姓生活至鉅，力役繁重，則百姓無暇於采薪，采薪之憂踵至，違法犯紀者生焉，社稷不安，天下大亂，此失國之徵。力役輕薄，百姓多勤於農事，則家給人足，人人能各安其家，人人能各安其位，則社會繁榮，國家太平矣。

人君養民利民，固然是天下歸心之要道，但因人有自然之情欲，若不加以節制，必然流於爲惡，如是，則社會必然混亂不堪。因此，在養民利民之後，尚須敎民，使其行爲合於禮義之規範，方能永享天下太平。所以敎育在荀子的思想中，負有很大的使命。敎育不僅可以完成自我，且可締造完美的政治社會。故其敎育的目的，在於去亂去汙，以期成爲一個淸明的社會。荀子說：

君子治治，非治亂也。……然則國亂將弗治與？曰：國亂而治之者，非案亂而治之之謂也。去亂而被之以治。人汙而修之者，非案汙而脩之之謂也，去汙而易之以修。故去亂而非治亂也，去汙而非修汙也。（不苟篇）

去亂去汙雖爲敎育之目的，實卽治理天下之端始，而亂汙之由來，因人性爲惡的緣故⑧。荀子說：

直木不待檃栝而直者，其性直也。枸木必將待檃栝烝矯然後直者，以其性不直也。今人之性惡，必將待聖王之治，禮義之化，然後始出於治，合於善也。用此觀之，人之性惡明矣。（性惡篇）

人之性惡，若枸木然，必待禮義之烝矯而後直，合於善，然則敎育之化性起僞，卽是敎育功能之顯現。此功能之獲致，全在「積學」、「專一」、「有恒」三者。人人若能具此三者，卽使未能登於聖人之領域，但也可以成爲一個知禮守法的君子之人。荀子說：

積土成山，風雨興焉；積水成淵，蛟龍生焉；積善成德，聖心備焉。故不積蹞步，無以致千里；不積小流，無以成江海。騏驥一躍，不能十步；駑馬十駕，功在不舍。鍥而舍之，朽木不折；鍥而不舍，金石可鏤。螾無爪牙之利，筋骨之强，上食埃土，下飲黃泉，用心一也。蟹八⑨跪而二螯，非蛇蟺之穴，無可寄託者，用心躁也。是故無冥冥之志者，無昭昭之明；無惛惛之事者，無赫赫之功。行衢道者不至，事兩君者不

> 容。目不能兩視而明，耳不能兩聽而聰。螣蛇無足而飛，梧鼠五技而窮。……故君子結於一也。（勸學篇）

此則言論，包括積學、有恒、專一，三者果能同時並進，假之以時日，自必能有所得。敎育之於治國，其功何其大矣。因此，荀子又說：

> 故姦言、姦說、姦事、姦能，遁逃反側之民，職而敎之，須而待之。勉之以慶賞，懲之以刑罰。安職則畜，不安職則棄。五疾，上收而養之，材而事之，官施而衣食之，兼覆無遺。才行反時者死無赦。夫是之謂天德，是王者之政也。（王制篇）

「職而敎之，須而待之」者，要使言行乖謬，行爲不正的人，使之各當敎其本事，假以時日待其覺悟遷善也。欲民爲善，敎育乃積極之作用，由本質之遷善，勝於消極作用之刑罰嚇阻。荀子愛民敎民之政治思想，乃儒家治國平天下之通例也。

三、任賢爲善政之實現

人君治國，任賢使能，爲第一件大事。蓋以軍國大事，條理紛繁，縱使聖哲明君，恐將力有未逮。況天下之大，問題之多，自非一人所能掌理。故云：「欲修美政，則莫若求其人。」（君道篇）因爲百工各有所長，倘能各盡其職，則國治而民富矣。故必須選拔人材，使賢者當位，能者在職，各奏其功，乃可完成盛治⑩。荀子說：

君子之所謂賢者，非能偏能人之所能之謂也；君子之所謂知者，非能偏知人之所知之謂也；君子之所謂辯者，非能偏辯人之所辯之謂也；君子之所謂察者，非能偏察人之所察之謂也；有所止⑪矣。相高下，視肥墝，序五種，君子不如農人；通貨財，相美惡，辯貴賤，君子不如賈人；設規矩，陳繩墨，便備用，君子不如工人；不卹是非然不然之情，以相薦撙，以相恥怍，君子不若惠施、鄧析。若夫譎⑫德而定次，量能而授官，使賢不肖皆得其位，能不能皆得其官，萬物得其宜，事變得其應，慎墨不得進其談，惠施、鄧析不敢竄其察，言必當理，事必當務，是然後君子之所長也。(儒效篇)

君子所謂的賢者，不是全能人之所能，因爲一個人的知識技能有限，各行各業均有其專門知識技能，需要專門知識技能之人材。君子是通材，通材的長處，是「言必當理，事必當務」，故能「譎德而定次，量能而授官，使賢不肖皆得其位，能不能皆得其官，萬物得其宜，事變得其應」，此其所長也。設非如此，荀子認爲就是「役夫之道」，故又說：

人主者，以官人為能者也；匹夫者，以自能為能者也。人主得使人為之，匹夫則無所移之。……今一人兼聽天下，日有餘而治不足者，使人為之也。大有天下，小有一國，必自為之然後可，則勞苦耗顇莫甚焉。如是，則雖臧獲不肯與天子易勢業。以是縣天下，一四海，何故必自為之？為之者，役夫之道也，墨子之說也。論德能而官施之者，聖王之道也，儒之所謹守也。傳曰：農分田而耕，賈分貨而販，百工分事而勸，士大夫分職而

聽，建國諸侯之君分土而守，三公總方而議，則天子共己而已矣。（王霸篇）

此則言論，說明一人之智慧精力有限，若必自為之而後可，則社會就不必分工分業。治國亦復如此，明君理政，役夫之道不使，則「天子不視而見，不聽而聰，不慮而知，不動而功，塊然獨坐，而天下從之如一體，如四肢之從心；夫是之謂大形。」（君道篇）也說明分工的重要性。然國家大事，必須有大臣輔佐，大臣才是政務的實際推行者。荀子說。

牆之外，目不見也；里之前，耳不聞也；而人主之守司，遠者天下，近者境內，不可不略知也。天下之變，境內之事，有弛易齵差者矣，而人主無由知之，則是拘脅蔽塞之端也。耳目之明，如是其狹也；人主之守司，如是其廣也；其中不可以不知也，如是其危也。然則人主將何以知之？曰：便嬖左右者，人主之所以窺遠收衆之門戶牖嚮也，不可不早具也。故人主必將有便嬖左右足信者，然後可。其知惠足使規物，其端誠足使定物，然後可；夫是之謂國具。人主不能不有遊觀安燕之時，則不得不有疾病物故之變焉。如是，國者，事物之至也如泉原，一物不應，亂之端也。故曰：人主不可以獨也。卿相輔佐，人主之基杖也，不可不早具也。故人主必將有卿相輔佐足任者，然後可。其德音足以鎮撫百姓，其知慮足以應待萬變，然後可；夫是之謂國具。四鄰諸侯之相與，不可以不相接也，然而不必相親也，故人主必將有足使喻志決疑於遠方者，然後可。其辯說足以解煩，其知慮足以決疑，其齊斷足以距難，不還秩，不反君，然而應薄扞患，足以持社稷，然後可，夫是之謂國具。故人主無便嬖左右足信者，謂之闇；無卿相輔佐足任使者，謂之獨；所使於四鄰諸侯者非其人，謂之孤；孤獨而晻，謂之危。國雖若存，古人之曰亡矣。（君道篇）

天下之大，事務之繁，自非君主一人所能治理得了。所以必須用人臣以佐治。佐治之人分爲三種：其一、便嬖左右足信者，可以窺遠收衆，遠者天下，近者境內，掌握情況變化，予以適切之處置；其二、卿相輔佐者，人主之基杖也，因爲人主不能不有遊觀安燕之時，不得不有疾病物故之變，故說君主不可獨治；其三、四鄰諸侯，不能不有所交往，故人主必將有足使喻志決疑於遠方者。倘無上述三種人才以爲國用，則「國雖若存，古人之曰亡矣」。而上述三種人之才具，已如引文所論，其爲賢者，自不待言矣。然其如何任用賢臣以當大任，盡其職守，荀子更有詳細之陳述。他說：

其取人有道，其用人有法。取人之道，參之以禮；用人之法，禁之以等。行義動靜，度之以禮。知慮取舍，稽之以成；日月積久，校之以功，故卑不得以臨尊，輕不得以縣重，愚不得以謀知，是以萬舉而不過也。故校之以禮，而觀其能安敬也；與之舉措遷移，而觀其能應變也；與之安燕，而觀其能無流慆也；接之以聲色、權利、忿怒、患險，而觀其能無離守也。彼誠有之者，與誠無之者，若白黑然，可詘邪哉！故伯樂不欺以馬，而君子不可欺以人，此明王之道也。（君道篇）

荀子之學以禮爲其中心，其言政治亦曰禮治。故云「取人之道，參之以禮」，合乎禮義之道者爲君子，不合禮義之道者爲小人。明君任用賢臣，選擇之對象爲君子也。而其「用人之法，禁之以等」，按其勞績而有陞遷，臣之地位，以等區分清楚，不使卑者踰尊，愚者踰賢，確實做到賢能當位。並以禮之標準，考察其智慧、品德，才能之優劣，然後予以適切之職位，俾使上下和睦，百官濟濟，任勞忍怨，以期達於禮治政治之極。然而任用特殊人材，則用非常之法。故云：「雖庶人之子孫也，積文學，能屬於禮義，則歸之卿相士大夫。」（王制篇）拔擢人材，無門弟之陋習，故云：「雖王公士大夫之子孫也，不能屬於禮義，則歸之庶人。」（王制篇）故其主張參政機會，人人平等之外，更主張用人唯公。荀子說：

> 明主有私人以金石珠玉，無私人以官職事業。是何也？曰：本不利於所私也。彼不能而主使之，則是主闇也；臣不能而誣能，則是臣詐也。主闇於上，臣詐於下，滅亡無日，俱害之道也。（君道篇）

君主用人，若全憑私意，則佞臣得逞，媚臣得寵，如是，則主闇臣詐，自取滅亡之禍也。故人主用人，惟賢是問，尚賢使能，則臣下皆謹其事，百姓忠信，而多安樂。因此，荀子又說：

> 上好禮義，尚賢使能，無貪利之心，則下亦將綦辭讓，致忠信，而謹於臣子矣。如此則雖在小民，不待合符節，別契券而信，不待探籌投鉤而公，不待衡石稱縣而平，不待斗斛敦槩而嘖。故賞不用而民勸，有司不勞而事治，政令不煩而俗美。百姓莫敢不

順上之法，象上之志，而勤⑬上之事，而安樂之矣。……夫是之謂至平。（君道篇）

人君在上，倘能愛好禮義，使用賢能之人，無貪利之心，則群臣百吏，亦將極盡辭讓忠信之道，而謹於為臣之分。如此，雖在小民，也自然做到信、公、平、啨四者，因此「有司不勞而事治，政令不煩而俗美」，百姓也樂於輸將，樂於服務，樂於效命。這就是任賢推行政務的優良結果也。

【附註】

①周群振　荀子思想研究頁一七〇。
②同註①　頁一七一。
③李滌生　荀子集釋頁二六八註②校改「待」為「侍」。
④同註①　頁一七五。
⑤同註①　頁一七五。
⑥同註③　頁二五七註②校改「循」為「修」。
⑦同註③　頁六一八註②校改「不」為「來」。
⑧陳政雄　荀子政治思想研究頁一四五。

⑨同註③　頁八註⑧校改「六」爲「八」。

⑩周紹賢　荀子要義頁九〇。

⑪同註③　頁一三二註⑤校改「正」爲「止」。

⑫同註③　頁一三二註②校改「譎」爲「譎」。

⑬同註③　頁二六七註⑧校改「勸」爲「勤」。

第三節　人臣事君的分際

荀子書有臣道一篇，專論人臣之道與職責，他以爲仁人君子持身接物之道，須「忠信以爲質，端愨以爲統，禮義以爲文，倫類以爲理，喘而言，臑而動，而一可以爲法則。」（臣道篇）此亦可視爲人臣事君應具備之基本修養。當然爲人臣之才德修養，尚不以此爲滿足，其最重要者，還在能通權達變，公忠體國。所以荀子提出一原則，就是「從道不從君」（臣道篇），作爲人臣事君的準繩。

一、臣分四等聖者爲尊

荀子論人臣之才德等弟，分爲四種類型，此即態臣、簒臣、功臣、聖臣四者。其區分嚴格，標準甚高，極爲精當。人君取用之類型不同，所獲致之結果亦異，或榮或辱，或亡或存，竟有天壤之別。荀子說：

人臣之論：有態臣者，有簒臣者，有功臣者，有聖臣者。內不足使一民，外不足使距難，百姓不親，諸侯不信，然而巧敏佞說，善取寵乎上，是態臣者也。上不忠乎君，下善取譽乎民，不卹公道通義，朋黨比周，以環主圖私為務，是簒臣者也。內足使以一民，外足使以距難，民親之，士信之，上忠乎君，下愛百姓而不倦，是功臣者也。上則能尊君，下則能愛民，政令教化，刑下如影，應卒遇變，齊給如響，推類接譽，以待無方，曲成制象，是聖臣者也。故用聖臣者王，用功臣者彊，用簒臣者危，用態臣者亡。態臣用則必死，簒臣用則必危，功臣用則必榮，聖臣用則必尊。故齊之蘇秦，楚之州侯，秦之張儀，可謂態臣者也。韓之張去疾，趙之奉陽，齊之孟嘗，可謂簒臣也。齊之管仲，晉之咎犯，楚之孫叔敖，可謂功臣矣。殷之伊尹，周之太公，可謂聖臣矣。是人臣之論也，吉凶賢不肖之極也。必謹志之！而愼自為擇取焉，足以稽矣。（臣道篇）

態臣者，巧敏佞說，善取寵乎上，無德無能，只憑巧言取悅於君，欺上蒙下，荀子視之爲最下最惡，故云「用態臣者亡」。簒臣者，不顧公道通義，只知結黨營私，營惑主上，圖謀私利。

既不忠君，又善乎取譽於民，故云「篡臣用則必危」。功臣者，上忠於君，下愛百姓，內足以齊一人民，外足以抗拒禍患，是以民衆親附，群士信賴，故云「功臣用則必榮」。聖臣者，上能尊君，下能愛民，政令教化爲民所法，應付卒然之變，捷疾如響之應聲；推類接與，以待非常之事，無不曲得其宜，且足垂爲制度法象，故云「聖臣用則必尊」。人臣品第之間，差別如許之大，則人君治國，其存其亡，端視取才用人，存乎一念之間。而且，荀子又將人臣之忠誠程度，分爲大忠、次忠、下忠、國賊四等，其認爲忠之等第，以德之高低爲衡量之標準。荀子臣道篇又說：

> 有大忠者，有次忠者，有下忠者，有國賊者：以德覆①君而化之，大忠也；以德調君而輔②之，次忠也；以是諫非而怒之，下忠也；不卹君之榮辱，不卹國之臧否，偷合苟容以持祿養交而已耳，國賊也。若周公之於成王也，可謂大忠矣；若管仲之於桓公，可謂次忠矣；若子胥之於夫差，可謂下忠矣；若曹觸龍之於紂者，可謂國賊矣。

大忠者，能以德覆被其君，化之使善，惟有聖臣能爲之，故以周公爲例。次忠者，能以德調服君心，輔助以成事功。此相當於功臣，若管仲是也。若以是諫非，因而觸怒其君，則爲下忠，若伍子胥是也。雖爲下忠，然非剛強正直之士不能爲，較諸但知保持祿位，苟且取容之國賊，則可貴多矣。然在今日民主時代，上自國家元首，下至基層地方首長，均由民選，君臣關係雖不復存在，然尊卑上下之分，却不能廢。而尊卑上下相處之道，也不能不講求也③。此外，荀子又由從命與逆命兩個不同角度，分析人臣的態度爲：順、忠、諂、篡四類。荀子說：

從命而利君謂之順，從命而不利君謂之諂；逆命而利君謂之忠，逆命而不利君謂之篡；不卹君之榮辱，不卹國之臧否，偷合苟容以持祿養交而已耳，謂之國賊。（臣道篇）

「從命而利君謂之順」，這種「順」是人臣奉命行事，乃理所當然，應該如此。惟「逆命而利君謂之忠」，這種「忠」才難能可貴，雖然逆命但卻有利於君，且對國家有大貢獻，因爲「逆命」是不計個人名利地位，去留安危的得失，所以才有此等膽識，故才能稱之謂「忠」，亦可稱之謂「聖臣」或「功臣」。至於「從命而不利君謂之諂」，諂媚之流，無異乎「態臣」。「逆命而不利君謂之篡」，篡竊之徒，心懷二志。持此二種態度者，實不足與語人臣之道。故「忠」實爲人臣之至道。然則人臣如何盡其忠？荀子說：

君有過謀過事，將危國家隕社稷之懼也；大臣父兄，有能進言於君，用則可，不用則去，謂之諫；有能進言於君，用則可，不用則死，謂之爭；有能比知同力，率羣臣百吏而相與彊君撟君，君雖不安，不能不聽，遂以解國之大患，除國之大害，成於尊君安國，謂之輔；有能抗君之命，竊君之重，反君之事，以安國之危，除君之辱，功伐足以成國之大利，謂之拂。故諫爭輔拂之人，社稷之臣也，國君之寶也，明君之所以尊厚也，而闇主惑君以為己賊也。故明君之所賞，闇君之所罰也；闇君之所賞，明君之所殺也。伊尹箕子可謂諫矣，比干子胥可謂爭矣，平原君之於趙可謂輔矣，信陵君

之於魏可謂拂矣。傳曰：「從道不從君。」此之謂也。（臣道篇）

人君世世皆有，惟獨聖君罕見，而中君暴君特多。既是中庸之君，殘暴之主，則其治國之道，自必瑕多瑜少，因而需要諫、諍、輔、拂之臣，以爲佐助，故云「諫爭輔拂之人，社稷之臣也」，諫諍輔拂之人，明君視之以爲寶，故尊厚之；闇主惑君以爲己賊，故視之如眼中之釘，務必拔除而後快。由此觀之，爲臣之道確實不易。從兩千多年歷史看，表現諫爭者偶亦有之，能符合輔之義者，恐怕絕少。至於「抗君之命，竊君之重，反君之事」，「從道不從君」，不要說是行動，卽是在思想上，也不是一般儒者所敢想的了④。而「從道不從君」，正顯示出荀子的革命精神。他說：

奪然後義，殺然後仁，上下易位然後貞，功參天地，澤被生民，夫是之謂權險之平，湯武是也。（臣道篇）

此則言論，實若孟子之「賊仁者謂之賊，賊義者謂之殘，殘賊之人，謂之一夫，聞誅一夫紂矣，未聞弒君也。」（梁惠王下）之義相若。孟子倡言革命於先，荀子繼之於後，此說遂成爲儒家政治思想之一部分。孟子荀卿，所以不惜倡言革命，誅殺暴君獨夫，目的在於維護仁義之道，所以由「從道不從君」的觀點來看，人臣若遇到行爲不合仁義之道的暴君，則可以反抗誅伐之，因此「從道不從君」，正代表着荀子的革命精神，其本意卽是指政治體系不能維持時的非常措施⑤。

二、事君之道因人而異

人臣事君，以利國利民為本⑥，這是基本原則，若離此原則，便是同流合汚了。荀子將君主分為聖君、中君、暴君三等，以君臣相對，故其所事之君，因類型不同，亦各有其事應之道。針對不同之對象，使用不同之相應方法。荀子首先提出事君的原則。他說

> 事聖君者，有聽從無諫爭；事中君者，有諫爭無諂諛；事暴君者，有補削無撟拂。迫脅於亂時，窮居於暴國，而無所避之，則崇其美，揚其善，違其惡，隱其敗，言其所長，不稱其所短，以為成俗。詩曰：「國有大命，不可以告人，妨其躬身。」此之謂也。（臣道篇）

聖君無失，為人臣的只有聽從，無須諫諍。中君有得有失，諂諛則遂成闇君，所以有諫諍而無諂諛。惟事暴君最難，蓋彼行多乖戾，只宜彌縫其闕失，不可違抗其意旨，否則就有殺身之禍。故人臣事奉暴君，可謂尊嚴盡失。然則事君之道，如何才能面面具到？荀子也有具體的措施。他說：

> 恭敬而遜，聽從而敏，不敢有以私決擇也，不敢有以私取與也，以順上為志，是事聖君之義也。忠信而不諛，諫爭而不諂，撟然剛折端志而無傾側之心，是案曰是，非案曰非，是事中君之義也。調而不流，柔而不屈，寬容而不亂，曉然以至道而無不調和

也，而能化易，時關內之，是事暴君之義也。若馭樸馬，若養赤子，若食餧人，故因其懼也而改其過，因其憂也而辨其故，因其喜也而入其道，因其怒也而除其怨，曲得所謂焉。（臣道篇）

聖君者，才德至上，行無不當，故人臣只有恭敬而謙遜，承命而速行，不敢私自抉擇，不敢私自取與，但以服從君命爲心。中君者，才德不若聖君，行事難免疏漏，然能察納雅言，不似暴君之殘殺忠良，故人臣忠信而不諛，諫爭而不諂，態度堅強，論事剛直，意志端正，而無傾邪反側之心，是就說是，非就說非，毫不迴避。暴君者，每喜怒無常，凶殘無德，又不能接納直言，故人臣事暴君之時：在消極方面言，雖調和而不至同流合汚，雖柔從而不至隨歪就斜，雖寬容而不至和他爲非作歹，明明白白，以道自持，而和暴君又無不調和；從積極方面言：以善言關通於君之心中，而能變化其暴戾之性。如同「馭樸馬，養赤子，食餧人」一般，必須慢慢地來，不可操切過急。荀子除敎人臣事聖君、中君、暴君之義外，又論士之事君之道。他說：

有通士者，有公士者，有直士者，有慤士者，有小人者。上則能尊君，下則能愛民，物至而應，事起而辨，若是則可謂通士矣。不下比以闇上，不上同以疾下，分爭於中，不以私害之，若是則可謂公士矣。身之所長，上雖不知，不以悖君；身之所短，上雖不知，不以取賞；長短不飾，以情自竭，若是則可謂直士矣。庸言必信之，庸行必愼之，畏法流俗，而不敢以其所獨甚，若是則可謂慤士矣。言無常信，行無常貞，唯

利所在，無所不傾，若是則可謂小人矣。（不苟篇）

此則言論，所謂之士，乃指在官者而言，他把士的品格分為五等。故能尊君愛民，物有至而能應之，事有疑而能辨，故曰通士。不結黨於下以蔽上，不苟合於上以害下，於事之中有紛爭者，不循阿比之私，而害是非之正，故曰公士。君雖不知其長，也不怨對；君雖不知其短，也不用取賞；長短不加文飾，皆以實情自擧，故曰直士。雖是一句平常的話，必求信實；一件平常的事，必求謹愼；不法流俗之行，但却也不敢行其所獨是，故曰慤士。言行沒有原則，唯利之所在，無不傾盡全力以求，故曰小人之士。於此可知荀子之事君，歸諸於義。他說：「身勞而心安，為之，利少而義多，為之；事亂君而通，不如事窮君而順焉。」（修身篇）

此外，荀子又敎人以持寵處位，終身不厭之術。以為人臣事君所應遵循的法則。他說：

> 持寵處位，終身不厭之術：主尊貴之，則恭敬而僔；主信愛之，則謹愼而嗛；主專任之，則拘守而詳；主安近之，則愼比而不邪；主疏遠之，則全一而不倍；主損絀之，則恐懼而不怨。貴而不為夸，信而不處謙，任重而不敢專。財利至，則善而不及也，必將盡辭讓之義，然後受。福事至則和而理，禍事至則靜而理。富則廣施，貧則用節。可貴可賤也，可富可貧也，可殺而不可使為姦也；是持寵處位終身不厭之術也。（仲尼篇）

「不厭」者，不為人君所厭棄也。不為人君厭棄之道的細節，荀子於此言之甚詳。惟其值得重視者，乃「福事至則和而理，禍事至則靜而理」中之「理」字，最為重要。理者，不失其持身之道也。「和而理」者，幸福臨身，則和樂而不驕盈失禮⑦。若為政者得寵，流於玩法弄權，違背禮義，不免傷身敗節，自毀前程。「靜而理」者，禍事臨頭，則安靜而不困迫失志⑧，有這種修養的人，眞可謂大丈夫也。常言道：「餓死事小，失節事大」。是以持寵不厭之術，乃植根於道，「道者何也？曰：禮義辭讓忠信是也。」（彊國篇）

持寵之術，固為人臣所不可或缺，然為大臣者，保身為國，輔佐君主，布施治策，不僅要求得寵信，更要獲得應有之權限，然後秉持一己之志，左右周旋，實現自己的政治理想。欲達到此一理想，還須更進一步，提倡無後患之術。蓋以人君集生殺大權於一身，一言一行，皆足以置人於死地，為人臣者，豈可不為自己預留退路。所以荀子又說：

> 求善處大重，任大事⑨，擅寵於萬乘之國，必無後患之術，莫若同好之，援賢博施，除怨而無妨害人。能耐任之，則愼行此道也；能而不耐任，且恐失寵，則莫若早同之，推賢讓能，而安隨其後。如是，有寵則必榮，失寵則必無罪。是事君者之寶，而必無後患之術也。故知者之舉事也，滿則慮嗛，平則慮險，安則慮危，曲重其豫，尤恐及其禍，是以百舉而不陷也。（仲尼篇）

「推賢讓能」為無後患之持寵之道，此就當時事實為說，亦與荀子一貫重視現實的精神，若合符節。

三、人臣百吏宰相居首

荀子論君時，特別強調要任賢使能，其理由是：「彼持國者，必不可以獨也，然則彊弱⑩榮辱在於取相矣。」（王霸篇）治國是重責大任，自非君主一人可把國家治好。因此國家的彊弱榮辱，與相的關係，極爲密切。由此看來，尊君與選相，同爲荀子政治論中的重要觀點。相的重要性於此可見一斑。荀子說：

> 立隆正本朝而不當，所使要百事者非仁人也，則身勞而國亂，功廢而名辱，社稷必危，是人君之樞機也。故能當一人而天下取，失當一人而社稷危。不能當一人，而能當千百人者，說無之有也。既能當一人，則身有何勞而為？垂衣裳而天下定。（王霸篇）

宰相任用得人，則人君可以不勞而天下治，若任用非人，則身勞而國亂，功廢而名辱，社稷必危，能當一人與不能當一人，繫乎國家存亡，關係至爲重大。至於宰相應具備何種才具？荀子又說：

> 為人主者，莫不欲强而惡弱，欲安而惡危，欲榮而惡辱，是禹桀之所同也。要此三欲，辟此三惡，果何道而便？曰：愼在取相，道莫若徑是矣。故知而不仁，不可；仁而不知，不可；既知且仁，是人主之寶也，王霸之佐也。（君道篇）

宰相的才具，不僅要有最高的智慧，而且還要有絕頂的仁德，要旣知且仁，才上可以王，下可以霸，如此，人君方可垂衣裳而天下定。而其對宰相人格的要求，則是：

其德音足以鎮⑪撫百姓，其知慮足以應待萬變，然後可；夫是之謂國具。（君道篇）

至於宰相的職責爲何？荀書中提及之處甚多，玆擇其要者，錄之如后。

平政敎⑫，正法則，兼聽而時稽之，度其功勞，論其慶賞，以時愼脩，使百吏免盡，而衆庶不偷，冢宰之事也。（王制篇）

冢宰者，百官之長也⑬。度量百官功勞，論定慶賞，按時順脩，使百官勉勵盡職，衆庶百姓也不偸隋。又說：

知隆禮之為尊君也，知好士之為美名也，知愛民之為安國也，知有常法之為一俗也，知尚賢使能之為長功也，知務本禁末之為多材也，知無與下爭小利之為便於事也，知明制度，權物稱用之為不泥也，是卿相輔佐之材也。（君道篇）

此則言論，敍列宰相的知識與職責，包括事項甚廣。卿相輔佐者，知隆禮以尊君，好士以美名，愛民以安國，有常法以一俗，尚賢使能以助長功業，務本禁末以增加財用，無與下爭利以便於爲事，明制度權量物宜，發揮效用，而不拘泥於一偏之見也。這些都是宰相應有的脩養。而其又更進一步，提出宰相的具體作爲。他說：

相者，論列百官之長，要百事之聽，以飾朝廷臣下百吏之分，度其功勞，論其慶賞，

歲終奉其成功以效於君。當則可，不當則廢。（王霸篇）

由此觀之，荀子所預定的宰相職責是：敘到百官之長短優劣，考察百事之得失，以脩朝廷臣下百吏之職分，使各盡其職責，度其功勞之大小，論其應賞應罰之事實，到了年終，把百官的政績報告國君，盡職者留任，不盡職者黜退。使百官勸勉而衆庶不偸怠，以爲忠於國君所賦予之職守也。然而宰相如何行使其職權？布施其治政？荀子認爲其所依賴者，惟在勝人之勢耳。他對齊相說：

處勝人之勢，行勝人之道，天下莫忿，湯武是也。處勝人之勢，不以勝人之道，厚於有天下之勢，索爲匹夫不可得也，桀紂是也。然則得勝人之勢者，其不如勝人之道遠矣！夫主相者，勝人以勢也，是為是，非為非，能為能，不能為不能，併己之私欲，必以道，夫公道通義之可以相兼容者，是勝人之道也。今相國上則得專主，下則得專國，相國之於勝人之勢，亶有之矣。然則胡不敺此勝人之勢，赴勝人之道，求仁厚明通之君子而託王焉。與之參國政，正是非，如是，則國孰敢不為義矣！君臣上下，貴賤長少，至於庶人，莫不為義，則天下孰不欲合義矣！賢士願相國之朝，能士願相國之官，好利之民莫不願以齊為歸，是一天下也。（彊國篇）

荀子以爲勝人之勢，固然重要，但其不如勝人之道則遠甚矣。然而勝人之道，又歸諸於義。禮義是荀子政治思想的中心，只要言及治道，莫不以禮義爲圭臬。宰相處勝人之勢，果能以勝人之勢，行勝人之道，則天下人皆慕義來歸，賢士能士，均願於朝，如是，百姓亦好義焉。人人一致尚義，則天下可王。此亦大儒周公爲政之績效也。荀子說：

大儒之效：武王崩，成王幼，周公屏成王而及武王，以屬天下，惡天下之倍周也。履天子之籍，聽天下之斷，偃然如固有之，而天下不稱貪焉。殺管叔，虛殷國，而天下不稱戾焉。兼制天下，立七十一國，姬姓獨居五十三人，而天下不稱偏焉。教誨開導成王，使諭於道，而能揜迹於文武。周公歸周，反籍於成王，而天下不輟事周；然而周公北面而朝之。天子也者不可以少當也，不可以假攝為也；能則天下歸之，不能則天下去之，是以周公屏成王而及武王，以屬天下，惡天下之離周也。（儒效篇）

此則言論是荀子舉周公輔政成王之實例，藉以闡明爲大臣宰相者之作爲，應該怎樣，才算妥當。首先言周初天下還未大定，武王卽告崩逝，此時成王年幼，尚無治理軍國大事的能力，乃暫舍成王，由自己繼武王之功業，以治天下，蓋恐天下因主幼而背叛周室也。因此暫居天子之位，聽斷天下政務，好像理當如此，然而天下却不以周公是貪求君位；周公誅管叔，滅武庚，使殷都成爲廢墟，天下也不以周公爲殘暴之人；封建天下，立七十一國，姬姓獨佔五十三人，然而天下也不以周公爲偏私。此皆說明宰相要公忠體國也。其次，周公教誨成王，使其明習治平之大道，以備將來繼承文武之大業，俟成王年長時，再將政權歸還，成王返回天子之位，從此天下繼續奉事周室，而周公也就脩人臣之禮，以朝覲成王也。其三，周公的本意，並非想行僭越，乃以天子年幼，尚未具備治理天下之才能，需要時間培育，但也不可長期攝政，俟新王能夠勝任時，即行還政。爲大臣宰相者，能替國家如此設想，實非有大節者莫之能爲。故荀子又說：「故人主用俗人，則萬乘之國亡；用俗儒，則萬乘之國存；用雅儒，則千乘之國安；用大儒，則百里之地久而後三年，天下爲一，諸侯爲臣，用萬乘之國，則擧錯而定，一朝而伯。」（儒效篇）

【附註】

①李滌生　荀子集釋頁二九八註①據兪樾據韓詩外傳校改「復」爲「覆」。

②同註①　頁二九八註⑩據郝懿行據韓詩外傳校改「補」爲「輔」。

③同註①　頁三〇一註⑪民主時代，君臣關係，雖不復存在，然尊卑上下之分，却不能廢，而尊卑上下相處之道，也不能不研究。

④韋政通　荀子與古代哲學頁一〇一。

⑤孫廣德　我國古代君臣民的理論，見台大法學院社會科學論叢三十二輯頁一七四。

⑥同註①　頁二八九臣道篇解題。

⑦同註①　頁一一九註⑨幸福臨身，則和樂而不驕盈失禮。

⑧同註⑦　同頁同註。禍事臨頭，則安靜而不困迫失志。
⑨同註①　頁一二〇註①應爲「處大重」，「任大事」相對。任字上無「理」字。
⑩同註①　頁二三八註③校改「固」爲「弱」。
⑪同註①　頁二八五註⑨校改「塡」爲「鎭」。
⑫同註①　頁一八七註⑭依王引之校改「本」爲「平」。
⑬同註⑫　同頁同註，冢宰，百官之長也。

第四節　實行王道造福人群

先秦儒家政治思想之中，向有王霸之辨，然其說不一。孔子云：「天下有道，則禮樂征伐自天子出；天下無道，則禮樂征伐自諸侯出。」（論語季氏篇）禮樂征伐自天子出或自諸侯出，在作用上看，似無多大的分別。但孔子以天下「有道」、「無道」分判，可見兩者之中，內容根本不同。這種不同，逮乎孟子，乃倡王霸之辨，他說：「以力假仁者霸，霸必有大國；以德假仁者王，王不待不大。」（孟子公孫丑上）以力爲霸，以德爲王，正是對孔子的天下有道與無道之注脚。儒家對於治國平天的理想，無疑是德重於霸，因此孟子是重王道而賤霸業。換言之，孟子主張純乎王道，貶斥霸政。荀子繼孔孟之後，承襲德治之基本觀念，而以王道爲尚，但不否認霸政的意義。而是以德義爲基本原則，視其所表現之程度，而爲不同等級之區分也①。

一、崇尚王道卑視霸業

荀子認爲王道與霸業，有其本質上和等級之不同。治國之道，可分爲王者、霸者、亡者三等，積禮義之國爲王，言誠信之國爲霸，玩弄權謀詐術之國爲亡②。荀子云：

> 故用國者，義立而王，信立而霸，權謀立而亡。（王霸篇）

這則言論，將治國之道，區分爲「王」、「霸」、「亡」三個等級。在荀子的心目中，自然以「義立而王」爲最高的理想；「信立而霸」次之；「權謀立而亡」，則根本不足以語治道矣。故云：「三者、明主之所謹擇也，仁人之所務白也。」然則何謂「義立而王」，何謂「信立而霸」，荀子接着又作了明確的陳述。

> 挈國以呼禮義，而無以害之，行一不義，殺一無罪，而得天下，仁者不為也。……之所與為之者，則舉義士也；之所以為布陳於國家刑法者，則舉義法也；主之所極然帥羣臣而首鄉之者，則舉義志也。如是，則下仰上以義矣，是綦定也；綦定而國定，國定而天下定。仲尼無置錐之地，誠義乎志意，加義乎身行，箸之言語，濟之日，不隱乎天下

，名垂後世。今亦以天下之顯諸侯，誠義乎志意，加義乎法則度量，箸之以政事，案申重之以貴賤殺生，使襲然終始猶一也。如是，則夫名聲之部③發於天地之間也，豈不如日月雷霆然矣哉！……是所謂義立而王也。（王霸篇）

「義立而王」是爲王者所立的義界。荀子思想以禮爲中心，也嘗以禮義連稱，故「義」就是禮義之簡稱。「挈國以呼禮義」，荀子視禮義爲王天下的基本政策。人君果能以禮義領導天下，則人皆義士，法皆義法，而所轄之群下，亦皆懷義志以歸向之。如此，則「綦定而國定，國定而天下定」了。不過荀子極重視志意。若能「誠義乎志意……」，就是無置錐之地的孔子，也可以「不隱乎天下，名垂乎後世」。如此，則顯赫的天下諸侯，豈不如同日月雷霆一般，在天地之間光大起來。所以說：「以義齊國，一日而白，湯武是也。湯以亳，武王以鄗，皆百里之地也，天下爲一，諸侯爲臣，通達之屬，莫不從服，無他故焉，以義濟矣」。這就是荀子視爲最高等級而心嚮往的理想。

至於何謂霸政？荀子云：

德雖未至也，義雖未濟也；然而天下之理略奏矣，刑賞已諾信乎天下矣，臣下曉然皆知其可要也。政令已陳，雖覩利敗，不欺其民；約結已定，雖覩利敗，不欺其與。如是，則兵勁城固，敵國畏之；國一綦明，與國信之；雖在僻陋之國，威動天下，五伯是也。非本政教也，非致隆高也，非綦文理也，非服人之心也。鄉方略，審勞佚，謹畜積，脩戰備，齺然上下相信，而天下莫之敢當。故齊桓、晉文、楚莊、吳闔閭、越勾踐，皆僻陋之國也，威動天下，彊殆中國，無它故焉，略信也。是所謂信立而霸也。

（王霸篇）

此則言霸者所以能「威動天下，彊殆中國」，「信」是其基本條件。政府爲了取信於國人，即使已經公布之政令，雖利害顯然可見，也不輕易變更以欺其民，爲了取信於友邦，即使盟約一經簽定，雖然利害顯然可見，也不隨便毀約以欺其友邦。一個國家，內而人民，外而與國，既然皆能見信，自然就能「兵勁城固」、「天下莫之敢當」了。但是荀子所謂之「信」，似乎非純道德性的忠、誠。若以忠誠治國，亦即仁德治國，可以顯見一由內而外的生命光輝，其應與「義立而王」無異。然而荀子却說「德雖未至，義雖未濟」，又說「非本政教也，非致隆高也，非綦文理也，非綦人之心服也」，由此可知，其所謂「信」只是「信守約定」之意，這種信守約定之信，只是以功利主義爲目的的。故在過程中，縱然必須不欺其民，不欺其與，亦不過是藉以獲致權威震動天下，彊大足以危及中原國家之更大的功利而已④。所以「信立而霸」較諸「義立而王」，在等級層次上，要低一等。荀子更論王霸之別曰：

然而仲尼之門，五尺之豎子，言羞稱五伯，是何也？曰：然！彼非本政教也，非致隆高也，非綦文理也，非服人之心也。鄉方略，審勞佚，畜積脩鬪，而能顛倒其敵者也。詐心以勝矣。彼以讓飾爭，依乎仁而蹈利者也，小人之傑也，彼固曷足稱乎大君子之門哉！彼王者則不然：致賢而能以救不肖，致彊而能以寬弱，戰必能殆之而羞與之鬪，委然成文，以示之天下，而暴國案自化矣。有災繆者，然後誅之。故聖王之誅也綦省矣。（仲尼篇）

此則言霸者之政，是「詐心以勝矣，以讓飾爭，依乎仁而蹈利者也，小人之傑也。」而王者正與其相反，以賢而能幫助不賢，以最強而能寬容弱者。戰必能勝，但羞與之鬥，不以殺伐爲能事，但對於那些有危害和欺詐行爲的國家，才可加以消滅。此乃辨別王與霸之區分。荀子以禮義爲政治思想之中心。王者行禮義，霸者不行禮義，此其大別也。王霸之別，荀子說：

王奪之人，霸奪之與，彊奪之地。奪之人者臣諸侯，奪之與者友諸侯，奪之地者敵諸侯。臣諸侯者王，友諸侯者霸，敵諸侯者危。（王制篇）

「王奪之人，霸奪之與」，其結果王者臣諸侯，霸者友諸侯，然則王霸之辨，在以「義立而王」爲至上，「霸立而信」爲最下，其等級與本質爲最大之不同也。

二、聖人爲王福國利民

荀子說：「聖人者，人之所積也。」（儒效篇）這就是說，聖人不是天生的，而是通過後天學習和積累經驗來的。又說：「禮義法度者，是聖人之所生也。」（性惡篇）聖人是禮法的制定者，所以要把王天下的責任，完全寄託在聖人身上。因爲：

聖人者，本仁義，當是非，齊言行，不失毫釐，無他道焉，已乎行之矣。（儒效篇）

聖人的人格，以仁義爲根本，明察是非，絲毫不差。其所以能夠如此，在於其能實踐所學之禮義而已。故曰：「聖也者，盡倫者也，王也者，盡制者也；兩盡者，足以爲天下極矣。」（解蔽篇）聖人能窮盡萬物之理，王者能窮盡禮法之制。有了聖人之道與王者之制，就足以爲天下萬世之極則。故說：「禮者，人道之極也。」（禮論篇）荀子所以主張聖人爲王，其理由是：

天下者，至重也，非至强莫之能任；至大也，非至辨莫之能分；至衆也，非至明莫之能和。此三至者，非聖人莫之能盡。故非聖人莫之能王。（正論篇）

天下至重、至大、至明，非至辨，非至強，非至明者，不足堪任其事，惟有備道全美全盡於道而無美不備之聖人，才足以爲縣天下之權稱。因爲他有過人之能。荀子說：

脩百王之法，若辨黑白；應當時之變，若數一二；行禮要節而安之，若生四枝；要時立功之巧，若詔四時；平正和民之善，億萬之衆而若摶一人。如是，則可謂聖人矣。（儒效篇）

創法訂制，應變不窮，惟有通禮義之統的聖人能之。而依禮法辨事，適時建立政績，能夠穩定政局，安定百姓，這種德政使億萬之衆，團結的像一個人，這樣就是聖人了。

荀子的政治哲學，必以聖人爲王，其所行之政卽爲王政，在王政之下，方能有最完善的國家社會⑤。然則聖王治國之道爲何？荀子說：

尚賢使能，等貴賤，分親疏，序長幼，此王者之道也。故尚賢使能，則主尊下安；貴賤有等，則令行而不流；親疏有分，則施行而不悖；長幼有序，則事業捷成而有所休。故仁者，仁此者也；義者，分此者也；節者，死生此者也；忠者，惇慎此者也。兼此而能之，備矣。備而不矜，一自善也。謂之聖。」（君子篇）

聖王治國之道，就是尚賢使能，等貴賤，分親疏、序長幼四事，所謂仁者，仁愛此四事者；義者分辨此四事者，使能各得其宜；節者，生死皆不出此四事而不變也，忠者，惇厚誠信於此四者也。能兼此仁、義、節、忠而能之的，就是先王治國之道了。荀子認爲，統一的中央集權國家是最好的「王制」，能夠完成統一事業的「治國之道」，就是「王道」，能夠「一天下」的君主，是最賢明的「聖王」⑥。所以他一再強調要王天下，但是如何稱王天下？荀子說：

修禮者王，為政者彊。（王制篇）

義立而王。（王霸篇）

隆禮尊賢而王。（彊國篇）

能用天下之謂王。（正論篇）

尊聖者王。（君子篇）

上引各則言論，都是稱王天下的先決條件。不僅要尊崇禮義，且要篤行禮義；不僅要尊崇聖人，更要任用賢人，如此，才能達到王天下的目標。王道政治的內涵，荀子在王制篇中有極爲明確的陳述，而其要旨，不外乎養民與敎民二事。他說：

> 賢能不待次而擧，罷不能不待須而廢，元惡不待敎而誅，中庸不待政而化。……故姦言、姦說、姦事、姦能，遁逃反側之民，職而敎之，須而待之，勉之以慶賞，懲之以刑罰。安職則畜，不安職則棄。五疾，上收而養之，材而事之，官施而衣食之，兼覆無遺。才行反時者死無赦。夫是之謂天德，是王者之政也。（王制篇）

王者之政，在於敎民養民。選賢擧能，慶賞刑罰，所以敎民也；五疾收養，材而事之，所以養民也。敎民養民則民安，民安則國治矣。至其聽斷政事的原則，則是：

> 故公平者，聽之衡也；中和者，聽之繩也。其有法者以法行，無法者以類擧，聽之盡也。（王制篇）

所謂「公平者，聽之衡也」，衡是對事能權衡輕重，能知其輕重，則所聽斷之事，自能公平合理；所謂「中和者，聽之繩也」，繩是對事能辨別曲直。能知事理之曲直，必然寬猛得中。處理政事，法有明文規定的，以法處理；法無明文規定的，則以同類事物之共理推斷，聽政之道，於此盡矣。此外，其理想中的政治措施，又可歸納爲四：

㈠君臣修爲要合乎禮義。人君是政策的制訂者，人臣是政策的推行者，若其行逕，違離禮義之道，則其所行之政，勢必變質。所以要：

> 其為人上也，廣大矣！志意定乎內，禮節脩乎朝，法則度量正乎官，忠信愛利形乎下

。行一不義，殺一無罪，而得天下，不為也。此若義信乎人矣，通於四海，則天下應之如讙。（儒效篇）

王者之人：飾動以禮義，聽斷以類，明振毫末，舉措應變而不窮，夫是之謂有原。是王者之人也。（王制篇）

(二)政治制度要效法後王。荀子以爲先王時代久遠，一切法令制度，多已淹沒，無從稽考。後王之世較近，易於取法。上古苦於難知，則必審乎周道。

王者之制，道不過三代，法不二後王；道過三代謂之蕩，法二後王謂之不雅。衣服有制，宮室有度，人徒有數，喪祭械用，皆有等宜。聲、則非雅聲者舉廢，色、則凡非舊文者舉息，械用、則凡非舊器者舉毀，夫是之謂復古，是王者之制也。（王制篇）

(三)慶賞刑罰要稱情合理。慶賞涵概政令制度與人事任用法規。刑罰包括折愿禁悍與百姓應遵守法令。

無德不貴，無能不官，無功不賞，無罪不罰。朝無幸位，民無幸生。尚賢使能，而等位不遺；折愿禁悍，而刑罰不過。百姓皆曉然知夫為善於家，而取賞於朝也；為不善於幽，而蒙刑於顯也。夫是之謂定論。是王者之論也。（王制篇）

(四)財經政策要衆享其利。王者之法，賦稅合理，通流財貨，使人人都可以有易無，豐富生活資源，安和樂利，享受無窮樂趣。

王者之法：等賦、政事，財萬物，所以養民也。田野什一，關市幾而不征，山林澤梁，以時禁而不稅。相地而衰政。理道之遠近而致貢。流通財物粟米，無有滯留，使相歸移也，四海之內若一家。故近者不隱其能，遠者不疾其勞，無幽閒隱僻之國，莫不趨使而安樂之。夫是之謂人師。是王者之法也。（王制篇）

以上所述，王者之人，王者之制，王者之論，王者之法，是荀子理想中的聖王政治內涵，也是一幅理想王國的藍圖。在這樣的環境之中，誰又能不安樂其政教也。

三、霸政險詐依仁蹈利

王道是荀子的政治理想，也惟有實行王道政治，才能福國利民，所以對於霸政多持批判態度。因為王者以德，覇者以力，兩者之間，在本質上就有不同的差異。然則霸政的實質內容為何？荀子的陳述，甚為明確。他說：

彼霸者則不然：辟田野，實倉廩，便備用，案謹募選閱材技之士，然後漸慶賞以先之，嚴刑罰以糾之。存亡繼絕，衞弱禁暴，而無兼并之心，則諸侯親之矣。修友敵之道，以敬接諸侯，則諸侯說之矣。所以親之者，以不并也；并之見，則諸侯疏矣。所以說之者，以友敵也；臣之見，則諸侯離矣。故明其不并之行，信其友敵之道，天下無

王霸主，則常勝矣。是知霸道者也。（王制篇）

霸者以力勝，雖辟田野，選擇材技之士，但嚴防加諸刑罰，其與以德服人之王者相形之下，已遜色一籌，其與通常之霸術不同者，惟無兼併之心。故其效只及於諸侯之親悅，亦須待「天下無王霸主」而後始能常勝。與諸侯友善，則諸侯說之而不見并，是知霸道者也。然這只是霸道的一面，若與王道相比，則霸道等級之高下，昭然若揭矣⑦。

彼王者不然；仁眇天下，義眇天下，威眇天下。仁眇天下，故天下莫不親也；義眇天下，故天下莫不貴也；威眇天下，故天下莫敢敵也。以不敵之威，輔服人之道，故不戰而勝，不攻而得，甲兵不勞而天下服，是知王道者也。（王制篇）

王者仁義高遠，足使天下莫不親，莫不貴，乃至可以「不戰而勝，不攻而得，甲兵不勞而天下服」，其在本質上，較諸霸道要高一等。所以荀子對於霸者的批評，貶多於褒。⑧

故能當一人者而天下取，失當一人而社稷危，……既能當一人，則身有何勞而為？垂衣裳而天下定。故湯用伊尹，文王用呂尚，武王用召公，成王用周公旦。卑者五伯，齊桓公閨門之內，縣樂、泰奢、游玩之脩，於天下不見謂脩，然九合諸侯，一匡天下，為五伯之長，是亦無他故焉，知一政於管仲也，是君人者之要守也。知者易為之興力，而功名綦大。舍是而孰足為也。（王霸篇）

湯、文、武、成，都是修德行仁的聖君，伊尹、呂尚、召公、周公旦，都是仁且知之聖臣。也都是篤行禮義的君子。這種組合，可說是「義立而王」的組合。然而，霸者如桓公，則是以縣樂、泰奢、游抏是務，並無美德見稱於天下，他之所以能「九合諸侯，一匡天下」，只是「知一政於管仲」，因為能「知一政」，所以智能之士，易於發展其才力，建立功業。這種評論，言詞之間，對於桓公管仲的功業雖有稱頌，但對其人格道德則有貶斥。亦即說明霸道不及王道之善矣。

> 仲尼之門，五尺之豎子，言羞稱五伯，是何也？曰：然。彼誠可羞稱也。齊桓五伯之盛者也，前事則殺兄而爭國；內行則姑姊妹之不嫁者七人，閨門之內，般樂奢汏，以齊之分（半）奉之而不足；外事則詐邾襲莒，並國三十五。其事行也若是其險汙淫汏也。彼固曷足稱乎大君子之門哉！（仲尼篇）

這則言論，是相對於「義立而王」言。桓公之瑕疵，在於內則亂行，外則幷國，說他「險汙淫汏」，是不足為君子。自然談不到王天下，祇能稱為霸道之主。王者則是「致賢而能以救不肖，致彊而能以寬弱，戰必能殆之而羞與之鬬，委然成文，以示之天下，而暴國自化矣。」（仲尼篇）之王者相較，自然不成比例。

> 若是而不亡，乃霸，何也？曰：於乎！夫齊桓公有天下之大節焉，夫孰能亡之？倓然見管仲之能足以託國也，是天下之大知也。安忘其怒，出忘其讎，遂立為仲父，是天下之大決也。立以為仲父，……貴賤長少，秩秩焉，莫不從桓公而貴敬之，是天下之

大節也。諸侯有一節如是，則莫之能忘也；桓公兼此數節者而盡有之，夫又何可亡也！其霸也，宜哉！非幸也，數也。（仲尼篇）

此則言論，相對於「權謀立而亡」所言。權謀家唯利之求，一律用詐。他說：「內則不憚詐其民，而求小利焉；外則不憚詐其與，而求大利焉，內不脩正其所有，然常欲人之有。如是……上詐其下，下詐其上，……敵國輕之，與國疑之，權謀日行，而國不免危削，綦之而亡。」（王霸篇）齊桓以信一管仲而兼有天下之數項大節，是以「其霸也宜哉，非幸也，數也」。但是這樣權謀而顯之霸功，若比之以「挈國以呼禮義，而無害之」，以致「天下爲一，諸侯爲臣，通達之屬，莫不從服」的王者之業，自不可同日而語⑨。由此更可確切的看出，王道高於霸道多矣。

然而，彼非本政教也，非致隆高也，非綦文理也，非服人之心也。鄉方略，審勞佚，畜積修鬬，而能顛倒其敵者也，詐心以勝矣。彼以讓飾爭，依乎仁而蹈利者也，小人之傑也，彼固曷足稱乎大君子之門哉。（仲尼篇）

王者之要目是「平政教，審節奏，砥礪百姓……脩仁義，正法則，選賢良，養百姓。」（王制篇）而霸者則一反其道，其所重視者，只是「鄉方略、審勞佚，畜積修鬭，而能顚倒其敵者也，詐心以勝矣。」畢竟是「以讓飾爭，依乎仁而蹈利」的「小人之傑」，絕不得被「稱乎大君子之門」也。

然則霸者如何維持其霸政於不墮？荀子說：

般之日，安以靜兵息民，慈愛百姓，辟田野，實倉廩，便備用。安謹募選閱材伎之士，然後漸慶賞以先之，嚴刑罰以防之，擇士之知事者，使相率貫也，是以厭然畜積修飾，而物用之足也。兵革器械者，……我將脩飾之，拊循之，掩蓋之於府庫。貨財粟米者，……我今將畜積并聚之於倉廩。材伎股肱健勇爪牙之士，……我今將來致之，並閱之，砥礪之於朝廷。如是，則彼日積敝，我日積完；彼日積貧，我日積富；彼日積勞，我日積佚。……安以其國為是者霸。（王制篇）

由此可知，霸者維持生存之道，是以佚待勞。平時積畜財物，脩治器械。對於軍需軍械，修治裝飾，而藏於府庫，收容敵人散兵，以爲我用。如此，敵消我長，才能稱霸天下。

【附註】

①周振群　荀子思想研究頁一八三。
②魏元珪　荀子哲學思想頁一九七。
③李滌生　荀子集釋頁二三二註⑬「部」、「勃」雙聲，「部發」卽「勃發」之音轉。勃發、怒發也。
④同註①　頁一八五。

⑤馮友蘭　中國哲學史荀子章頁三六九。
⑥荀子新注　頁四八八註⑦至⑩。
⑦同註①　頁一八六。
⑧同註①　頁一九〇。
⑨同註①　頁一九〇。

第五節　富國之道裕民爲先

富國與裕民的觀念，在儒家思想中，也佔有重要的地位。孔孟荀三家，對於此一觀念，因爲各人時代背景不同，而各有其強調的重點。荀子雖然在人性方面，不能深契於孔孟稱仁講義之堂奧，然於治國平天下之政治理想，及足食足兵、爲民治產之基本用心，則不能不說是與孔孟之態度一致的。而且由於時代社會的劇變，使得他對這方面的講求，有比孔孟更爲強烈的表現與具體的陳述①。

一、治國安邦有賴財力

荀子的能群四統，是四種重大政治措施，其中生養與顯設二統，最爲荀子重視。然不論是那一統，若欲行之有效，莫不有賴於充裕的財富，作為施政之有力支柱。

不富無以養民情。（大略篇）

瘠則不足欲，不足欲則賞不行。……賞不行則賢者不可得而進也。（富國篇）

沒有財富，無以生養，沒有財富，無以顯設藩飾，不顯設藩飾，便無從斑治。故欲善為生養，善為斑治顯設藩飾，必須先求富裕。生養所需的，以人民的財富為主，斑治顯設藩飾的所需，以國家的財富為主，故富國裕民，亦卽財政經濟，成為政治上的重要項目②。而富國與裕民的關係，也就無法分割了。

然則，荀子的富國裕民之道為何？玆錄兩則有關言論如左：

孫卿子曰：凡在大王，將率末事也。臣請道王者諸侯強弱存亡之效，安危之勢：君賢者其國治，君不能者其國亂；隆禮貴義者其國治，簡禮賤義者其國亂。治者強，亂者弱，是強弱之本也。（議兵篇）

觀國之強弱貧富有徵驗：上不隆禮則兵弱，上不愛民則兵弱，已諾不信則兵弱，慶賞不漸則兵弱，將率不能則兵弱。上好功則國貧，上好利則國貧，士大夫衆則國貧，工商衆則國貧，無制度數量則國貧。下貧則上貧，下富則上富。故田野縣鄙者，財之本也；垣窌倉廩者，財之末也。百姓時和，事業得敘者，貨之源也；等賦府庫者，貨之流也。故明主必謹養其和，節其流，開其源，而時斟酌焉；使天下必有餘，而上不

憂不足，如是，則上下俱富，交無所藏之，是知國計之極也。（富國篇）

這兩則言論，可視爲荀子富國裕民的指導原則。其基本精神則是重在以禮義爲富強之本。綜其大要包涵下列三點涵義：㈠開源節流：「士大夫衆則國貧」，是說政府不可以冗員浪費公帑，應節其流；「百姓時和，事業得敍者，貨之源也」，是開源之道。㈡藏富於民：「下貧則上貧，下富則上富。」是說國家當散財於民，使民富裕，所以要開源，就是爲了要富民，民富然後上下俱富。㈢重農輕商：「田野縣鄙者，財之本也」，「工商衆則國貧」，農業是財富的根本，工商人數衆多，影響農業生產③。基於上述，於是荀子提出他的財經理論。

足國之道：節用裕民，而善臧其餘。節用以禮，裕民以政。彼裕民，故多餘。裕民則民富，……上以法取焉，而下以禮節用之，餘若丘山，不時焚燒，無所臧之，夫君子奚患乎無餘？故知節用裕民，則必有仁義聖良之名，而且有富厚丘山之積矣。……不知節用裕民，則民貧，……上雖好取侵奪，猶將寡獲也。而或以無禮節用之，則必有貪利糾譎之名，而且有空虛窮乏之實矣。（富國篇）

「節用裕民」是荀子財經政策的總綱。而其實施辦法，則是「節用以禮，裕民以政」，兩者相輔而行，如此「則必有仁義聖良之名，而且有富厚丘山之積」，其所以有此績效，關鍵在於「禮」與「政」。前者指禮法制度，後者則謂實行善政。故「節用以禮」乃是要按禮法規定節省用度，用不過度；「裕民以政」則是要實行善政富裕民衆，政府要取之有道。

節用之道，是「上以法取之，而以禮節用之」，政府依法取之於民，也要依禮法規定節省用度，不可浪費公帑，而善藏所餘，財用有餘才不會苛斂。反之「不知節用則民貧，民貧則田瘠以穢，田瘠以穢，則出實不半，上雖好取侵奪，猶寡獲也」，所以不知節用，那國家財政就要日益貧困了。不過荀子雖強調節用，但不主張過分的節用，更不主張有傷國家體制的節用。因此批評墨子節用主義，不合事實。荀子云：

> 墨子之節用也，則使天下貧，非將墮之也，說不免焉。墨子大有天下，小有一國，將蹙然衣粗食惡，憂戚而非樂。若是則瘠，瘠則不足欲；不足欲則賞不行。墨子大有天下，小有一國，將少人徒，省官職，上功勞苦，與百姓均事業，齊功勞。若是則不威，不威則罰不行。賞不行，則賢者不可得而進也；罰不行，則不肖者不可得而退也。賢者不可得而進也，不肖者不可得而退也，則能不能不可得而官也。若是則萬物失宜，事變失應，上失天時，下失地利，中失人和，天下敖然，若燒若焦；墨子雖為之衣褐帶索，嚽菽飲水，惡能足之乎！既以伐其本，竭其原，而焦天下矣。（富國篇）

荀子極端反對這種不合情理的節用主張。他雖嘗說「士大夫衆則國貧」，但祇是教政府不設冗官而已，並非連必要的官職亦應減省。國家必須設官分職以理治，設官分職之後，必須用人以分任職務，用人之後，必須「修官弁衣冕……」以爲藩飾。凡斑治顯設藩飾所必需費用，都不可省④。豈可過分節用。

至於裕民之道，需要經由具有組織和領導雙重效能的政治或政府，去培養民間的富厚，達到藏富於民的目的，「裕民則民富，故多餘。」⑤其具體措施是：

輕田野之稅，平關市之征，省商賈之數，罕興力役，無奪農時，如是，則國富矣。夫是之謂以政裕民。（富國篇）

關市，幾而不征；質律，禁止而不偏。如是，則商賈莫不憝愨而無詐矣。百工，將時斬伐，佻其期日，而利其巧任。如是，則百工莫不忠信而不楛矣。縣鄙，則將輕田野之稅，省刀布之斂，罕舉力役，無奪農時。如是，則農夫莫不朴力而寡能矣。……商賈敦愨無詐，則商旅安，貨財通，而國求給矣。百工忠信而不楛，則器用巧便，而財不匱矣。農夫朴力而寡能，則上不失天時，下不失地利，中得人和，而百事不廢。（王霸篇）

農工商賈，都是促進經濟繁榮，富厚國家財力的重要行業。政府在決策上，應該輕徭薄賦，無使失時，做到公平合理。惟其如此，然後農夫力作，百工忠信，商賈安心。農工商賈，各安其業，各盡其職，於是國家收入，不患不足，費用亦不虞匱乏。以政裕民的目的也就達到了。而其經濟政策的遠景，荀子是如此的描述：

王者之法：等賦、政事、財萬物，所以養民也。田野什一，關市幾而不征，山林澤梁，以時禁發而不稅。相地而衰政，理道之遠近而致貢，通流財物粟米？無有滯留，使

相歸移也。四海之內若一家，故近者不隱其能，遠者不疾其勞，無幽閒隱僻之國。莫不趨使而安樂之。（王制篇）

二、發展農業厚積富源

先民以農立國，自黃帝建國已然，其後歷代聖君治世，莫不以農事爲第一要務。因爲民以食爲天，而食之來源，皆由農出，農興則民富，民富則國強，民富國強，才能長治久安，天下太平。荀子秉承「王者富民」之旨，在農業發展方面，有詳盡而具體之見解。他的農政思想內涵，主張主業與副業並重，不可偏廢⑥。荀子說：

今是土之生五穀也，人善治之，則盈畝數盆，一歲而再獲之。然後瓜桃棗李，一本數以盆鼓；然後葷菜百疏以澤量；然後六畜禽獸一而剸車；黿、鼉、魚、鱉、鰍、鱣以時別，一而成群；然後飛鳥、鳧、雁若烟海；然後昆蟲萬物生其間，可以相食養者，不可勝數也。夫天地之生萬物也，固有餘，足以食人矣；麻葛繭絲、鳥獸之羽毛齒革也，固有餘，足以衣人矣。（富國篇）

故長養時，則六畜育；殺生時，則草木殖；政令時，則百姓一，賢良服。聖王之制也：草木榮華滋碩之時，則斧斤不入山林，不夭其生，不絕其長也。黿、鼉、魚、鱉、鰍、鱣孕別之時，罔罟毒藥不入澤，不夭其生，不絕其長也。春耕、夏耘、秋收、冬藏，四者不失時，故五穀不絕，而百姓有餘食也。汙池淵沼川澤，謹其時禁，故魚鱉優多，而百姓有餘用也。斬伐養長不失其時，故山林不童，而百姓有餘材也。（王制篇）

由此觀之，荀子農業思想內涵豐富，論及項目最多，包括農業、森林、漁業、園藝、牧畜、昆蟲、紡織等，幾將衣食住行，統攝無遺。而其生產方法，可以歸納爲二⑦：

第一、消極的方法是勿擾民

1.勿違農時：「春耕、夏耘、秋收、冬藏。四者不失其時。」（王制篇）「罕興力役，勿奪農時。」（富國篇）「彊本而節用，養備而動時。」（天論篇）

2.勿亂伐取：「汙池淵沼川澤，謹其時禁，故魚鼈優多，而百姓有餘用也。斬伐不失其時，故山林不童，而百姓有餘材也。」（王制篇）

3.勿苛斂求：「今世則不然，厚刀布之斂，以奪之財，重田野之稅，以奪之食。」（富國篇）故要「輕田野之稅。」（富國篇）「田野什一。」（王制篇）

第二、積極的方法是要養民。荀子主張「以政裕民」（富國篇），故斥「垂事養民，拊循之，呢嘔之，冬日則爲之饘粥，夏日則爲之瓜麮，以偷取少頃之譽焉。」爲偷道。這是反對消極的救濟，而重視積極的自養。尤重視農業之振興。振興農業之法，擧其要者，亦有五端：

1.興修水利灌漑：「修堤防，通溝澮，行水潦，安水臧，以時決塞，歲雖凶敗水旱，使民有所耕艾。」（王制篇）「安水臧」是設水庫，「以時決塞」，可免水旱之災。有了水庫，「

歲雖凶敗水旱，使民有所耕艾」是發達農業重要的一環。「故禹有十年水，湯七年旱，而天下無菜色者，十年之後，年穀復熟，而陳積有餘，是無他故焉。知本末源流之謂也。」（富國篇）「行水潦」是長治久安的重要措施。

2.開拓生產面積：欲增加生產，必須開拓種植面積，因此開墾荒地，利用一切可以生產的土地，都屬必要的手段。故云：「掩地表畝，刺屮殖穀，多糞肥田，……高者不下，下者不水，寒暑和節，而五穀以時熟。」（富國篇）荀子未言封建時代的井田制度，大概不重視它，主張刈草而播種五穀。「依地表畝」，就是開阡陌、闢田野，增加種植面積，以盡土地之利。

3.增加五穀種植：播種五穀，先要了解土地的瘠肥，種子的良窳，然後再依其性質，指導按時播種，才有豐收的可能。故云：「相高下，視肥磽，序五種，省農功，謹蓄藏，以時順修，使農夫樸力而寡能。」（王制篇）不僅要按時播種五穀，還要考察農民的工作績效，已生產的糧食儲藏是否妥當，進而要求農夫專心致力生產，不要有外務。播種之道，是「春耕、夏耘、秋收、多藏，四者不失其時。如此則五穀不絕，而百姓有餘食也。」（王制篇）

4.善用山林湖泊：山林湖泊亦是財富之泉源，如能妥善經營，其所出之財物，不僅足用，而且有餘。故云：「修火憲，養山林藪澤、草木、魚鼈、百索，以時禁發，使國家足用，而財物不屈。」（王制篇）其財物之取用，貴在「以時禁發」，苟能定時採取，而不任意濫用，必然豐富有餘。進一步還要「閒樹藝」（王制篇），閒樹藝者，乃學習種樹之技能，廣造森林之

意。故云：「殺⑧生時，則草木殖。…草木榮華滋碩之時，則斧斤不入山林，不夭其生，不絕其長也。」（王制篇）

5.養六畜殖水產：六畜者，豬羊牛馬鷄狗也⑨。六者各有其用；牛馬以爲生產運輸之工具；豬羊鷄狗，爲人類飲食之資，都是生活所必具。所以要勸導百姓畜養。故云：「養長時，則六畜育。」（王制篇）至於水產物種類繁多，亦是人類生活重要資源，所以必須養殖，養殖之道，是「黿鼉魚鱉鰌鱣孕別之時，罔罟毒藥不入澤，不夭其生，不絕其長也。」（王制篇）

以上是發展農業的具體措施。農業資源豐富之後，還須養成儲蓄觀念，以備荒年之需。所以荀子要人長慮後顧。他說：

> 人之情，食欲有芻豢，衣欲有文繡，行欲有輿馬，又欲夫餘財蓄積之富也；然而窮年累世不知足，是人之情也。今人之生也，方知畜鷄狗豬彘，又畜牛羊，然而食不敢有酒肉；餘刀布，有囷窌，然而衣不敢有絲帛；約者有筐篋之藏，然而行不敢有輿馬。是何也？非不欲也，幾不長慮後顧，而恐無以繼之故也。於是又節用御欲，收斂畜藏以繼之也。是於己長慮顧後，幾不甚善矣哉！今夫偷生淺知之屬，曾此而不知也，糧食大侈，不顧其後，俄則屈安窮矣。是其所以不免於凍餓，操瓢囊為溝壑中瘠者也，況夫先王之道，仁義之統，詩書禮樂之分乎？彼固為天下之大慮也，將為天下生民之屬，長慮顧後而保萬世也。（榮辱篇）

「食有芻豢」，「衣有文繡」、「行有輿馬」三者，都是人情之所常欲，然而「食不敢有酒肉」，「衣不敢有絲帛」，「行不敢有輿馬」，蓋以有「長慮顧後」之故。如果無「長慮顧後」之慮，必將「不免於凍餓，操瓢囊為溝壑中瘠者也。」所以要「節用御欲，收斂蓄藏以繼之也」。才能永保萬世之不困乏也⑩。

三、振興工商互通有無

荀子云：「工商衆則國貧。」（富國篇）工商是游移之民，生之者寡，食之者衆，所以要「省商賈之數。」（富國篇）立論似有重農輕商之傾向。實則不然。荀子認為從事工商業者多，則從事農業者相對減少，如此，則農業減產，物資不足。而百工製器，商賈貿易，其貨物產品所需之原料，皆出自農業，如農業生產不足，原料缺乏，工商業亦將凋敝。所以要對工商活動加以限制，使其不致擴張泛濫，影響農業。並非否定工商業價值，亦非認為工商發達，國家就會貧困，而是強調農業產品是工商發達的動力。所以正本清源，欲發展商業，必先振興農業⑪。荀子也承認工商業在國家經濟上有重大的貢獻，工商業的基礎，建立在農業生產關係上，這種經濟合作的理想，使天下的物產，以有易無，互相供給。達到貨暢其流，物盡其用的目的，不失為卓見。

北海則有走馬吠犬焉，然而中國得而畜使之。南海則有羽翮齒革曾青丹干焉，然而中

> 國得而財之。東海則有紫紶魚鹽焉，然而中國得而衣食之。西海則有皮革文旄焉，然而中國得而用之。故澤人足乎木，山人足乎魚，農夫不斲削不陶冶而足械用。工賈不耕田而足菽粟。故虎豹為猛矣，然則君子剝而用之。故天之所覆，地之所載，莫不盡其美，致其用。上以飾賢良，下以養百姓而安樂之。（王制篇）

> 通流財物粟米，無有滯留，使相歸移也，四海之內若一家。（王制篇）

所謂北海南海，皆指絕遠之域而言，四方遠地之各種物資，中國得而用之，此商人貿易之功也；齒革文旄，製成物品，此百工技術之功也；菽粟糧食，此農人之功也；百工供器用，商賈流通財物，農人供菽粟，彼此截長補短，以有易無，關係民生至鉅，故政府還設專官，以治其事⑫。故云：「脩採清、易道路，平室律，以時順修，使賓旅安而貨財通。」（王制篇）眞是「四海之內若一家。」

貨財流通之後，便是供需平衡問題。荀子對於供需，抱持極度樂觀的看法。其所以不贊同墨子過分的節用主義，實因過分節用，足以致亂致貧⑬。因此批評道：

> 墨子之言，昭昭然為天下憂不足。夫不足，非天下之公患也，特墨子之私憂過計也。今是土之生五穀也，人善治之，則盈畝數盆，一歲而再獲之，然後瓜桃棗李，一本數以盆鼓，然後葷菜百疏以澤量。……固有餘足以食人矣。（富國篇）

> 我以墨子之非樂也，則使天下亂；墨子之節用也，則使天下貧。（富國篇）

由此可知，荀子不患供需不足，乃患支配供需之共同法則受到阻礙，而使供需失衡乃致不足。至於墨子的過分節用，反而造成供需失調，是爲荀子所不取。蓋荀子就積極方面而言之，生產與供應問題，若人善加發揮其智能，以努力耕作、養殖、編織，俾使物質自然成長，庶不致於短絀，故「因物而多之」（天論篇）不如「騁能而化之」是荀子抱定人能補天工不足的信念，以求達到自然的增產方法，以促進供應的效率。蓋就荀子而言，物資之不足或有餘，悉由人爲得當與否。荀人爲得當，物資必定有餘，而可供過於求。倘使人爲不當，物資自必短絀，釀成供不給求的現象，故「不夭其生，不絶其長，不失其時」，乃順其自然的生長法則，自必達到供需平衡的地步⑭。

工商業發達，是富國裕民的措施之一。而百工商賈所得的合法利益，政府應當予以保護，保護之道，就是「平關市之征。」（富國篇）乃至「關市幾而不征。」（王制篇），倘若政府與人民爭利，或苛征暴歛，那是荀子所深惡痛絶的事。荀子說：

故義勝利者為治世，利克義者為亂世，上重義則義克利，上重利則利克義。故天子不言多少，諸侯不言利害，大夫不言得喪，士不通貨財。……從士以上皆羞利，而不與民爭業，樂分施而恥積藏；然固民不困財。貧窶者有所竄其手。……上好義則民闇飾矣，上好富則民死利矣。二者治亂之衢也。（大略篇）

這則言論是說，公義勝過私利，就是治世；反之，私利勝過公義，就是亂世。義利之別，關乎國家的治亂。政府官吏，上自天子，下至官吏，都是執法行事的人，如果也從事工商活動，遇到法令規定與其切身利益衝突，必然徇私毀法，維護私利，則公義蕩然，社會必然大亂。因此要「天子不言多少，諸侯不言利害，大夫不言得喪，士不言通貨財」。如此「從士以上皆羞利，而不與民爭奪，樂分施而恥積藏。」就達到藏富於民的目的。然後政府依法征取，國家自然富足有餘，不虞財政匱乏。也用不着不合理的強行聚歛，因爲過分的聚歛足以導致國家滅亡。荀子云：

故修禮者王，為政者強，取民者安，聚斂者亡。故王者富民，霸者富士，僅存之國富大夫，亡國富筐篋，實府庫；筐篋已富，府庫已實，而百姓貧；夫是之謂上溢而下漏。入不可以守，出不可以戰，則傾覆滅亡可立而待也。故我聚之以亡，敵得之以彊。聚斂者，召寇、肥敵、亡國、危身之道也，故明君不蹈也。（王制篇）

聚歛的害處既是如此之大，則國家財政的取得，自然要合情合理合法，然而時代不斷進步，社會事務日益紛繁，國家所需要的費用，也與日俱增。既有財力若不足應付，勢必增加賦稅，但其先決條件是人民要有獲取厚利的機會，如此國家財源方有保障。因此他的生財之道，便是開發資源，利用自然界無窮的寶藏，以富厚民生⑮。荀子云：

大天而思之，孰與物畜而制之！從天而頌之，孰與制天命而用之！望時而待之，孰與應時而使之！因物而多之，孰與騁能而化之！思物而物之，孰與理物而勿失之也！願

與物之所以生，孰與有物之所以成！故錯人而思天，則失萬物之情。（天論篇）

荀子認爲人有義辨與能群的特徵，所以是宇宙萬物的主宰。只要人類能主動努力，用其智慧，研究發展，增加各類物資之產量，必然供過於求。如此以來，不僅百姓更加富裕，而國家的財源也不致枯竭了。

總之，荀子認爲國家財政的來源，不在於徵收重稅以充實府庫，而在於生財有道，亦即開源節流，以禮節用，以政裕民，才是造成國家富強，民生樂利的主要途徑。

【附註】

①周羣振　荀子研究頁一七九。

②陳大齊　荀子學說頁一七一。

③韋政通　荀子與古代哲學頁一〇八。

④同註②　頁一七四。

⑤同註①　頁一八一。

⑥姜尚賢　荀子思想體系頁二四九。

⑦同註⑥　頁二五〇。

⑧李滌生 荀子集釋頁一八二註⑫殺生謂斬伐。
⑨荀子新注 頁一五四註⑧。
⑩同註⑥ 頁二六三。
⑪魏元珪 荀子哲學思想頁二一一。
⑫鮑國順 荀子學說析論頁一二六。
⑬同註② 頁一七四。
⑭同註⑪ 頁二一三。
⑮同註⑥ 頁二五四。

第六節 軍事作爲禁暴誅悍

國防是維護國家安全的屏障，它是內政、外交、經濟、社會、文化與軍事的綜合體。惟軍事則是依憑其他各種因素而產生者。雖然自成一個體系，但却是維護國防安全的工具。所以軍事必須聽命政治。國家政治目標的實現，乃以軍事爲其手段。國家有了完美的政治之後，才有堅強的軍事。軍事在戰勝攻取結束之後，更須良好的政治方略；才能安定人心，恢復秩序，促進生產，鞏固國家。荀子說：「兼并易能也，惟堅凝之難焉。」（議兵篇）兼并是軍事行動，堅凝是政治作爲，這兩句話，即是說政治重於軍事。荀子誠不愧爲中國國防論者的開山祖師。

一、兵學思想源自禮義

荀子的政治理想藍圖，旨在建立一個統一的王國，這個王國的內涵，是以實現王道政治爲目標。但是，當時列國紛爭，諸侯割據自雄，天下的局面四分五裂，對峙強烈，成爲實現王道政治的最大障礙，因鑒於斯，乃提出其個人的軍事學說，期能對於統一工作有所幫助。他的軍事思想基礎，仍以禮義爲根據，仁義爲本質。目標是要建立一支戰無不勝，攻無不克的王者之師①。藉以解救倒懸於水深火熱中的人民，重享安和樂利的太平盛世。

> 禮者，治辨之極也，強固之本也，威行之道也，功名之總也。王公由之所以得天下也，不由所以隕社稷也。故堅甲利兵不足以爲勝，高城深池不足以爲固，嚴令繁刑不足以爲威。由其道則行，不由其道則廢。（議兵篇）

「由其道」者，由禮義之道也。以禮義治國，則甲兵、城池，令刑都能發揮效用，不以禮義治國，則甲兵、城池、令刑，都會失去效用。這說明軍事以政治爲其基礎。因爲政治之權操諸君主，君主秉持大權，不偏不倚，以上化下，以下奉上，才能萬衆一心，所以說：「凡在大王，將率末事也。」（議兵篇）而治國用兵之道，端視君主的作爲，來決定國家的前途。

> 隆禮貴義者其國治，簡禮賤義者其國亂；治者彊，亂者弱，是彊弱之本也。上足仰則下可用也，上不足仰則下不可用也；下可用則彊，下不可用則弱，是彊弱之常也。隆禮效功，上也；重祿貴節，次也；上功賤節，下也，是強弱之凡也。好士者強，不好士者弱；愛民者強，不愛民者弱；政令信者強，政令不信者弱；民齊者強，民不齊者弱；賞重者強，賞輕者弱；刑威者強，刑侮者弱；械用兵革攻完便利者強，械用兵革窳楛不便利者弱。重用兵者強，輕用兵者弱；權出一者強，權出二者弱，是強弱之常也。（議兵篇）

隆禮貴義，簡禮賤義，關乎治亂之所繫。國家強弱，各有其徵，觀此可知也。然而分別國家強弱的界限，在於是否以禮義治國。尤其最後歸結到「重用兵者強，輕用兵者弱，權出一者強，權出二者弱」，更說明軍事力量的運用，不能離開禮義的原則。也說明禮義爲脩政攻戰之本。所以他對用兵的要道，更有明確的陳述。荀子說：

> 凡用兵攻戰之本，在乎壹民，弓矢不調，則羿不能以中微；六馬不和，則造父不能以致遠；士民不親附，則湯武不能以必勝也。故善附民者，是乃善用兵者也。故兵要在乎附民而已。（議兵篇）

用兵之要道，首在壹民，壹民者，統一思想，齊一行動，團結民衆，凝固戰鬥力量也。附民者，乃在上位者，親近士民，和衷共濟也，若不親近士民，則雖湯武，也不能必勝。君民一體，上下同心，才能收到致勝之宏效。壹民的具體措施是：

> 兼服天下之心：高上尊貴不以驕人；聰明聖智不以窮人；齊給速通不爭先人；剛毅果敢不以傷人；不知則問，不能則學，雖能必讓，然後為德。遇君則脩臣下之義，遇鄉則脩長幼之義，遇長則脩子弟之義，遇友則脩禮節辭讓之義，遇賤而少者則脩告導寬容之義。無不愛也，無不敬也，無與人爭也，恢然如天地之苞萬物。如是則賢者貴之，不肖者親之。如是，而不服者，則可謂訞怪狡猾之人矣；雖子弟之中，刑及之而宜。（非十二子篇）

兼服天下人心，在於不驕人，不窮人，不爭先人，不傷人。君臣上下，人人尊尚倫理道德，謹守禮義辭讓之義，自然就可做到無不愛，無不敬，無與人爭，恢然如天地之苞萬物。確能做到這些，不僅使人在心理上感到溫馨，更可齊一人民的行動了。由此無論賢與不肖，都能貴之親之，心悅誠服。如果還有「妖怪狡猾之人」，即使親如子弟，也要予以適當的刑罰制裁。壹民之道如斯，則附民之道，荀子也有具體陳述。

> 古之兵，戈矛弓矢而已矣，然而敵國不待試而詘；城廓不辨，溝池不抇，固塞不樹，機變不彰；然而國晏然不畏外而固者，無它故焉，明道而鈞分之，時使而誠愛之，下之和上也如影嚮，有不由令者，然後俟之以刑。（議兵篇）

國家的生存，如不用兵力，敵人就能屈服；不設邊防堡壘，不施陰謀詐術，即無外患，其因在於「明道而鈞分之」，對人民講明禮義之道，使人人各有其業，如此才能各安其分。按時役使人民，誠心愛護，則人民自然親附其上。倘有不遵行命令者，然後以刑罰裁制之。這就是最好的附民之道。

荀子所理想的國家，是一個堅強的戰鬥體，要達到這個目標，他認爲要以禮義爲本的政治方略。荀子說：

> 凡兼人者有三術：有以德兼人者，有以力兼人者，有以富兼人者。……以德兼人者王，以力兼人者弱，以富兼人者貧，古今一也。兼幷易能也，唯堅凝之難焉。……故凝士以禮，凝民以政；禮脩而士服，而民安。士服民安，夫是之謂大凝。以守則固，以征則彊，令行禁止，王者之事畢矣。（議兵篇）

以德兼人者，其人民心悅誠服，無不順從，地既廣而民又多。以力兼人者，其人迫於威勢，貌合神離，時生叛離，故必以重兵鎭壓，如此則我人力物力消耗浩繁，使國家陷於貧弱。以富兼人者，因其民貧困，衣食必須仰賴我之供應，如此，則使國家貧窮。三者之中，自然以以德兼人最爲理想。然而，較兼人術更難者，則爲堅凝之術。所謂堅凝之義，以今語述之，即是經過文化、教育，尤其是民族精神教育與歷史教育，經過長期的努力，使全國人，道一風同，一心一德，堅凝爲一，有共同的自覺，共同的認識，有高度的向心力與民族精神。此乃出於自然的團結，而非強迫，從而形成統一強固的戰鬥體。其愛國思想濃厚，民族精神高昂，足以抵抗外來的侵害②，則國家可以長治久安。所以凝聚之術，卽爲安國之術。兼并易使，難在兼并後之凝聚也。若「凝士以禮，凝民以政」，則是凝術之大成。荀子重視以禮義治國，治軍也莫不以禮義爲前提。

以上所論，雖爲荀子的軍事思想基源，但也可說是他對國防的觀點。其能洞察世變，深探本原，誠如「鳳鳴高崗，聲聞於天。」是最可寶貴者也。

二、仁人之兵王者之志

荀子治國用兵之目的，在於實行王者之道，以期登斯民於安樂之境。王者之道，乃本乎仁義之德，廣布恩澤，爲人群創造幸福的生活環境，爲使其不斷成長，繼續發展，永遠成爲人類社會的樂園。但是天有不測風雲，人有旦夕禍福。因此這個人間樂園的安全，就有維護的必要，而維護安全的責任，順理成章的就要落在「仁人之兵」的肩上了。所謂「仁人之兵」者，乃實現王者之道的先驅，禁暴除害爲其職守，而非以奪取爲目的者。其與一般兵家之「權謀勢利，攻奪變詐」，在價值意義上，就有天壤之別矣。荀子說：

> 臣之所道，仁人之兵，王者之志也。君之所貴，權謀勢利也；所行，攻奪變詐也；諸侯之事也。仁人之兵，不可詐也；彼可詐者，怠慢者也，路亶者也，君臣上下之間，渙④然有離德者也。故以桀詐桀，猶巧拙有幸焉。以桀詐堯，譬之：若以卵投石，以

指撓沸；若赴水火，入焉焦沒耳。故仁人在上⑤，百將一心，三軍同力；臣之於君也，下之於上也，若子之事父，弟之事兄，若手臂之扞頭目而覆胸腹也，詐而襲之，與先驚而後擊之，一也。且仁人之用十里之國，則將有百里之聽；用百里之國，則將有千里之聽，用千里之國，則將有四海之聽，必將聰明警戒和摶⑥而一。故仁人之兵，聚則成卒，散則成列，延則若莫邪之長刃，嬰之者斷；兌則若莫邪之利鋒，當之者潰。（議兵篇）

王者以仁義爲本，其用兵之道，也以義出之。其可貴之處，在於能以誠處衆，以禮明分，以義制行，以仁而覆天下。正因如此，才能「百將一心，三軍同力」，於是上下和睦，由內及外，由親及疏，由近及遠，和衷共濟，作到動必有備，永不怠慢，故云「「仁人之兵，聚則成卒，散則成列」。由此用兵，則攻守得宜，進退有節，自然所向無敵，以至戰無不勝，攻無不克，此卽「仁人之兵」的具體表現⑦。

荀子在答陳囂之問時，又將「仁義之兵」的精義，作了更明確的闡釋。他說：

彼仁者愛人，愛人故惡人之害之也；義者循理，循理故惡人之亂之也。彼兵者所以禁暴除害也，非爭奪也。故仁者之兵，所存者神，所過者化，若時雨之降，莫不說喜。是以堯伐驩兜，舜伐有苗，禹伐共工，湯伐有夏，文王伐崇，武王伐紂，此四帝兩王，皆以仁義之兵，行於天下也。故近者親其善，遠方慕其德，兵不血刃，遠邇來服，德

> 盛於此，施及四極。（議兵篇）

治國用兵，所以要以仁義爲本，因爲「仁者愛人」，「義者循理」，「故惡人之亂」，王者不輕言用兵，只是在不得已時而爲之，目的在「禁暴除害」，以安定天下之民，既不是爲名利，更不是爲逞強，而是要登斯民於袵席之上，永遠享受太平生活，自非爭奪者可比。故說「彼仁人之兵，所存者神，所過者化，若時雨之降，莫不說喜。」荀子以爲在紛亂之世，推行王道政治，軍事力量不可避免，所以特別強調「仁人之兵」的功能，因此列舉「堯伐驩兜，舜伐有苗，禹伐共工，湯伐有夏，文王伐崇，武王伐紂」之事，結論則曰「此四帝兩王皆以仁義之兵行於天下也。」⑧此卽說明「仁義之兵」施行於天下之後，卽能獲致，近親遠慕，四方來服的結果。

荀子又在答李斯之問中，指出秦國雖然強盛，但以不行仁義，故斥其爲末世之兵。

> 李斯問孫卿子曰：「秦四世有勝，兵強海內，威行諸侯，非以仁義為之也，以便從事而已。」孫卿子曰：「非汝所知也，汝所謂便者，不便之便也；吾所謂仁義者，大便之便也。彼仁義者，所以脩政者也；政脩則民親其上，樂其君，而輕為之死。故曰：凡在於君，將率末事也。秦四世有勝，諰諰然常恐天下之一合而軋己也，此所謂末世之兵，未有本統也。故湯之放桀也，非其逐之鳴條之時也；武王之誅紂也，非以甲子之朝而後勝之也，皆前行素脩也，所謂仁義之兵也。今女不求之於本，而索之於末，此

世之所以亂也。（議兵篇）

李斯以為秦之強盛，非由仁義，並以其強盛之事實，認定治國用兵，不必本之仁義，所以荀子斥其言為「世之所亂」。荀子論兵，固以仁義為本，然其先決條件，還在於脩政，因為「政脩，則民親其上，樂其君，而輕為之死。」所以脩政為攻戰之本，亦卽以政治為本，軍事為末；政治不得民心於平日，則軍事絕難取勝於臨時⑨。故說：「凡在於君，將率末事也」。秦雖四世有勝，也有席捲天下之勢，但因不以仁義為本，故常惴惴不安，惟恐諸侯合力而攻之⑩，所以荀子稱其為「末世之兵，未有本統」，不能持久。荀子言湯放桀，武王伐紂之成功，在於前行素脩。他說「湯武非取天下也，脩其道，行其義，興天下之同利，除天下之同害，而天下歸之也。」（正論篇）此義正是前行素脩之注脚。

秦國的軍事力量強盛，荀子雖然肯定，但對於不以仁義為本之政治軍事，均持嚴厲批判的態度。

故齊之技擊，不可以遇魏氏之武卒；魏氏之武卒，不可以遇秦之銳士；秦之銳士，不可以當桓文之節制；桓文之節制，不可以敵湯武之仁義；有遇之者，若以焦熬投石焉。兼是數國者，皆干賞蹈利之兵也，傭徒鬻賣之道也，未有貴上安制綦節之理也。（議兵篇）

齊國之「技擊」、魏國之「武卒」，秦國之「銳士」，桓文之「節制」，都是「干賞蹈利之兵，傭徒鬻賣之道」，所以「不敵湯武仁義之師」。蓋以民爲邦本，治國安民，必先脩明政治，布德施化，才能培養堅強之軍事力量。諸侯之兵，因無本統，故遇仁義之師，卽士無鬥志，各奔性命，不戰自潰；仁義之師，因有本統，故氣壯山河，戰術精妙，不畏強敵，所過者化，故兵不血刃，卽可遐邇咸服。由此觀之，禮義敎化，實爲團結民心，齊一民力的重要關鍵。荀子說：

> 故招延⑪募選，隆勢詐，尚功利，是漸之也；禮義教化，是齊之也。故以詐遇詐，猶有巧拙焉；以詐遇齊，辟之猶以錐刀墮太山也，非天下之愚人莫敢試。故王者之兵不試。湯武之逐桀紂也，拱挹指麾，而強暴之國莫不趨使，誅桀紂若誅獨夫，……故兵大齊則制天下，小齊則治鄰敵。若夫招延募選，隆勢詐，尚功利之兵，則勝不勝無常，代翕代張，代存代亡，相為雌雄耳矣。夫是之謂盜兵，君子不由也。（議兵篇）

「招延募選，隆勢詐，尚功利」，這些辦法都是詐欺之術，非治兵之正途，所以稱諸侯之兵曰「盜兵」。惟有以禮義敎化治民，才能服人之心，齊人之力。心服力齊，卽可上下一體，同心協力，才能成爲一個堅強的戰鬥體。齊之程度深淺不同，故其成就高低不一。湯武能以禮義敎化大齊其國，故能兼制天下；五霸之禮義敎化，未能大備，只能威脅鄰國而已。齊的力量，不言可喩矣。

三將帥才德智勇兼備

荀子論治國用兵之道，以脩政爲攻戰之本。所以說「凡在大王，將率末事也。」（議兵篇）由此可知軍權爲君主獨擅，而不在將率。然而將率却爲戰爭的實際執行者，所以戰爭的勝負得失，與其領導才能高下，不無關係。蓋用兵爲治國之大事，戰爭之勝負直接影響國家之存亡。故將率之智慧能力，自非文韜武略兼備之君子莫屬。故他首先提出一個將率處事的基本原則。

> 知莫大乎棄疑，行莫大乎無過，事莫大乎無悔，事至無悔而止矣，成不可必也。（議兵篇）

戰爭乃流血之事，舉措豈可不愼。棄疑之智，無過之行，無悔之事，皆言兩軍作戰，變化詭譎，勝負難卜，唯求盡己之力耳。雖不可必，然於心無悔憾也⑫。此說明一個將率，統兵作戰應有的心境。荀子論爲將之道，須守六術、五權、三至，各項要領，述之如下。

六術：六術者，六項戰術原則也。荀子說：

> 故制號政令欲嚴以威，慶賞刑罰欲必以信，處舍收藏欲周以固，徙舉進退欲安以重、欲疾以速；窺敵觀變欲潛以深、欲伍以參；遇敵決戰必道吾所明、無道吾所疑：夫是之謂六術。（議兵篇）

「制號政令欲嚴以威」：軍事制度嚴密，號令嚴明，才能按計謀行事，達到成功。「慶賞刑罰欲必以信」：有功必賞，有罪必罰，賞當其功，罰當其罪，是非分明，才能樹威立信。「處舍收藏欲周以固」：兵陣堡壘要堅固，軍品儲藏要安全，平時維護貼切，便於戰時供應。「徙舉進退欲安以重、欲疾以速」：行軍動作要嚴整，進退移動要謹愼，迅速確實而不亂，把握機宜而不失。「窺敵觀變欲潛以深、欲伍以參」：深入偵察敵情變化，精密而不疏漏，研判情報資料，多方參驗，以定眞僞。「遇敵決戰必道吾所明，無道吾所疑」：遇敵決戰策略，必行吾所觀察清楚之策，不用吾所疑惑不明之謀。凡此六者，乃爲將率不可忽略的要項。其次五權。五權者，爲將率者應酌量事實，權宜行事也。荀子說：

> 無欲將而惡廢，無急勝而忘敗，無威內而輕外，無見利而不顧其害，凡慮事欲孰而用財欲泰：夫是之謂五權。（議兵篇）

「無欲將而惡廢」者，乃將率位高權大，但其責任艱鉅，故應得之不喜，去之不憂也。「無急勝而忘敗」者，意謂兩軍作戰，攻守之策務必兼顧，然後進攻，使其無反撲之力。「無威內而輕外」者，對內只重政令威嚴，會使士卒不親，對外輕敵，必予敵人可乘之機會。「無見利不顧其害」者，蓋凡事利害相兼，利益固然要顧，害亦不可輕忽，兩者均須慮及。「凡慮事欲孰而用財欲泰」者，一切軍事計謀，務須精細週到，當用貨財，不應吝惜。此卽五權之義也。複次「三至」，所謂「三至」者，至當而不變也。荀子說：

> 所以不受命於主者三：可殺而不可使處不完，可殺而不可使擊不勝，可殺而不可使欺

百姓：夫是之謂三至。（議兵篇）

蓋將在外，君命有所不受者三：將率用兵，按照敵我形勢，訂定攻守之策，君主未躬其事，不察詳情，倘妄加干涉，必影響全盤，危及全軍安全。此其一也。對敵攻守作戰，務必明瞭敵我形勢優劣，才能穩操勝券，若不知彼知己，君主冒然揮令進退，勢必損兵折將，潰不成軍。此其二也。抗敵組織，乃由軍民合力構成，果爲因應戰術需要而轉移陣地，亦不可欺騙百姓，棄城而去，陷人民於死地。此其三也。

以上乃爲將須知之要則。荀子又陳述用兵之要領，以爲「敬怠」與「五無壙」，亦爲將率所應堅守之事。他說：

凡受命於主而行三軍，三軍既定，百官得序，群物皆正，則主不能喜，敵不能怒。夫是之謂至臣。慮必先事，而申之以敬，愼終如始，終始如一，夫是之謂大吉。凡百事之成也，必在敬之；其敗也，必在慢之。故敬勝怠則吉，怠勝敬則滅；計勝欲則從，欲勝計則凶。戰如守，行如戰，有功如幸，敬謀無壙，敬事無壙，敬吏無壙，敬衆無壙，敬敵無壙；夫是之謂無五壙。謹行此六術、五權、三至，而處之以恭敬無壙，夫是之謂天下之將，則通於神明矣。（議兵篇）

「至臣者」，完美無缺之將率也。至臣是智明德備之人，凡事心中自有定見，不爲外物動搖，喜怒全在於己，故主不能使之喜，敵不能使之怒。行事先能愼重思慮，所以能及「大吉」之境，況且敬事而成，慢事而敗，故云「敬勝怠則吉，怠勝敬則滅」。至理如是，古今一也。敬謀則慮深，慮深則謀成，謀成則軍勝矣。敬事則事可成，敬吏則吏敬之，上下一體，精誠無間，軍力壯大，所向無敵。敬衆則衆和，敬敵則敵畏，不戰而屈人之兵矣。故云其用兵如神也。

其次，荀子論及軍制法令，也有明確的陳述：

> 將死鼓，御死轡，百吏死職，士大夫死行列。聞鼓聲進，聞金聲退，順命為上，有功次之；令不進而進，猶令不退而退者也，其罪惟均。不殺老弱，不獵禾稼，服者不禽，格者不舍，奔命者不獲，凡誅，非誅其百姓也，誅其亂百姓者也；百姓有扞其賊，則是亦賊也。以故順刃者生，蘇刃者死，奔命者貢⑬。（議兵篇）

上則言論，依其內容，可歸納爲四個項目：一曰堅守崗位：將率以身作則，領導全軍，與士卒共甘苦，與國土共存亡，如喪師辱國，惟有自裁以謝國恩，豈肯靦顏以受軍法懲處。將率如此，故凡所屬負責軍事任務之衆吏百官，皆當效命所職，至死不怠。二曰絕對服從：蓋軍人以服從命令爲天職，擊鼓以示進，鳴金以示退，此乃士卒耳目一致服從之號令，事關全軍勝負，亦爲將率臨陣督戰死守之職責。倘不依令而行，必將影響全軍，故非絕對服從命令不可。三曰嚴守紀律；軍人保國安民，戡亂伐暴，有賴軍令嚴明，執法公正，不殺無辜，不傷民財，馴服者恕而釋之，頑抗者必懲其罪。四曰戰場守則：王者用兵誅伐，非誅百姓，但百姓如有助賊以抗王師者，則與賊同罪。其聞風順刃而逃生者，勿追殺；其蠻橫迎刃而格鬥者，必斃之。凡悔悟奔命而來歸者，一律既往不究。上述四目，乃荀子軍制政令之條貫也。然而，王者之師，志在平亂，仁德教化，重於攻戰殺戮之威。因此他說：

王者有誅而無戰，城守不攻，兵格不擊，上下相喜則慶之。不屠城，不潛軍，不留衆，師不越時，故亂者樂其政，不安其上，欲其至也。（議兵篇）

克敵致勝之道，不僅要靠有形武力，更需要以德義為其根本，才能收衆化敵，使其衷心誠服，若以高壓手段，僅能使其畏服⑭。「不屠城，不潛軍，不留衆，師不越時，故亂者樂其政。」這幾項政策，就是「凡誅、非誅其百姓也，誅其亂百姓者也」的具體顯現。這是為將治軍必須遵守的信條，也是使天下走向至平的途徑。更是實現「仁人之兵，王者之志」理想的最高指導原則。

【附　註】

①荀子新注　頁二七七議兵篇解題。
②張其昀　戰國史前編荀子議兵頁三〇。
③姜尚賢　荀子思想體系頁三四六。
④李滌生　荀子集釋頁三一四註⑪王引之據新序校，改「滑」為「渙」。

⑤同註④　頁三一四註⑬。
⑥同注④　同頁註⑯，王念孫謂「傳」爲「摶」之誤。
⑦同註③　頁三四七。
⑧薩孟武　中國政治思想史頁五六。
⑨韋政通　荀子與古代哲學頁一二〇。
⑩周紹賢　荀子要義頁一四八。
⑪同註④　頁三二一，註㊷謂楊倞注：「招近」當爲「招延」。
⑫同註⑨　頁一四二。
⑬同註④　頁三三七註⑦校改「貢」爲「貰」。
⑭同註③　頁三五五。

第五章　荀子政治思想對後世影響

荀子之學，以禮爲「統類」，以禮爲道德之極，是謂「禮治」，然其禮重道德之他律，根於性惡說，故常參之以法，其有法家意向①。荀子以爲「禮者，法之大分，類之綱紀也。」（勸學篇）其所謂之禮，與法家所謂之法，在表面上或有相近似之處，如荀書中有重勢、重法、重刑、尊君之主張，近於法家，但在內容實質上，終有其別，惟其影響所及，實開後世法家純任法之先河。所以不僅直接形成秦法，亦間接影響漢政。茲分述於后。

第一節 直接形成秦法

荀卿之學，原本以禮爲其核心，然亦常雜糅乎道法名諸家思想。唐韓愈讀荀子謂其「大醇而小疵」，豈非沾染法術有以致之。其後轉而影響其弟子韓非、李斯。然韓非、李斯謹知循法而不用禮。蓋荀子以禮爲本，以法爲末，禮於未然之先，或不足以矯人之性惡，當再隆法以正之，欲禁於已然之後，本末雖殊，然其正惡則一。是故戰國末期之法家，又承荀卿之意者也。此所以韓非終集法家之大成，李斯亦以法術相秦，二人並得荀子之啓廸也②，因而直接形成秦之嚴刑峻法也。

一、韓非

史遷云：

> 韓非者，韓之諸公子也。喜刑名法術之學，而其歸本於黃老，非為人口吃，不能道說，而善著書，與李斯俱事荀卿，斯自以不如非。（史記老莊申韓列傳）

韓非之學，出自荀子，乃無疑義。然荀子學說以隆禮義，知統類爲核心。韓非變儒爲法，凡合於法家宗旨者，乃至不惜斷章取義，而自成體系，要非荀學之正宗也。今試就其在政治上所受荀子之影響者析論之。

㈠性惡說 荀子言性惡，欲以禮義矯之。他說：

> 若夫目好色，耳好聲，口好味，骨體膚理，好愉佚，是皆生於人之情性者也；感而自然，不待事而後生之者也。（性惡篇）

> 人之性惡，其善者僞也。今人之性，生而有好利焉；順是，故爭奪生而辭讓亡焉。生而有疾惡焉；順是，故殘賊生而忠信亡焉。生而有耳目之欲，有好聲色焉；順是，故淫亂生而禮義文理亡焉。……故必將有師法之化，禮義之道，然後出於辭讓，合於文理，而歸於治。（性惡篇）

此兩則言論，首則言性與生俱來，出於自然。次則言自然之性，若順其自然而不加節制，必然流於爲惡；倘能以禮義導化，使人不放縱其自然之性，則性就不得爲惡，這是荀子論性之旨。然而韓非未審其義，即肯定人有普遍之私利心，即使父子骨肉之親，亦無不爲權衡利害，各圖私便③。他說：

> 父母之於子也，產男則相賀，產女則殺之。此俱出父母之懷衽，然男子受賀，女子殺之者，慮其後便，計之長利也。故父母之於子也，猶用計算之心以相待也，而況無父子之澤乎！（六反篇）

人為嬰兒也，父母養之簡，子長而怨；子盛壯成人，其供養薄，父母怒而誚之。子父至親也，而或譙或怨者，皆挾相為而不周於為己也。（外儲說左上）

上引兩則，都說明人與人之間的關係，即使親如父子，也都建立在自利心上，這就是人性皆惡之義。荀子主制禮以節性，其終極目的，在於勉人爲善；到了韓非直以人性本惡，非嚴刑峻法不足以禁其私欲，此禮法之大別，亦荀韓性惡說之區分也。

(二)重刑罰　荀子治國之術，兼採禮刑雙軌制，主張先禮後刑。惟其重刑之說，頗與法家接近④。荀子說：

立君上之勢以臨之，明禮義以化之，起法正以治之，重刑罰以禁之，使天下皆出於治，合於善也。（性惡篇）

賞重者強，賞輕者弱；刑威者強，刑侮者弱；刑稱罪則治，不稱罪則亂。故治則刑重，亂則刑輕。（正論篇）

韓非據此，則變本加厲，遂謂罰莫如重而必，棄禮義而專任刑罰矣。韓非子說：

夫嚴刑者，民之所畏也；重罰者，民之所惡也。故聖人陳其所畏，以禁其衺，設其所惡，以防其姦，是以國安而暴亂不起。吾以是明仁義愛惠之不足用，而嚴刑重罰之可以治國也。（姦劫弒臣篇）

夫民之性，惡勞而樂佚，佚則荒，荒則不治，不治則亂，而賞刑不行於下者必塞。（

心度篇）

韓非尚法之理由，全出於自利之人性觀。因人有爲惡之傾向，故立法以防止之；又因人性好逸惡勞，有自然陷溺之勢，是以設嚴刑峻法，用相惡之道，期能奮勉圖強，而獲致長治久安。故又說：

凡治天下，必因人情。人情有好惡，故賞罰可用。賞罰可用，則禁令可立，而治道具矣。（八經篇）

韓非以爲人性自利，莫不趨安利而避危害，惡誅罰而幸慶賞，故以賞罰爲君之二柄。由此可知，荀子所重視的禮義師法，到了韓非轉而爲嚴刑峻法矣。

㈢正名分　荀子欲以禮義明分止爭，他說：

故知者為之分別制名以指實，上以明貴賤，下以辨同異。貴賤明，同異別，如是則志無不喻之患，事無困廢之禍，此所謂有名也。（正名篇）

分均則不偏，勢齊不壹，衆齊則不使。……夫兩貴之不能相事，兩賤之不能相使，是天數也。勢位齊而欲惡同，物不能贍，則必爭；爭則必亂，亂則窮矣。先王惡其亂也，故制禮義以分之，使有貧富貴賤之等，足以相兼臨者，是養天下之本也。（王制篇）。

法家一變而欲以法明分止爭，取荀子正名爲人君馭臣之術⑤。韓非更主張「以形名收臣，以度量準下。」他說：

人主雖使人，必以度量準之，以形名參之，事遇於法則行，不遇於法則止；功當其言則賞，不當則誅。以形名收臣，以度量準下，此不可釋也。（難二篇）刑之煩也，名之繆也，賞譽不當則民疑。民之重名與其重賞也均。賞者雖有誹焉，不足以勸。罰者有譽焉，不足以禁。明主之道，賞必出乎公利，名必在乎為上。賞譽同軌，非誅俱行。然則民無榮於賞之內，有重罰者，必有惡名，故民畏罰所以禁也。民畏所以禁，則國治矣。（八經篇）

上引兩則言論，首則以形名爲人君馭臣爲政之術。次則說明，刑賞爲治國之具，使尊名隨爵賞，使惡名隨刑罰，此即「名必在乎爲上」。故治國之道，除刑賞以外，還須正名。

二、李斯

史遷云：

李斯者，楚上蔡人也。……乃從荀卿學帝王之術。學已成，度楚王不足事，而六國皆弱，無可為建功者，欲西入秦。辭於荀卿曰：「斯聞得時無怠，今萬乘方爭時，游者主事。今秦王欲吞天下，稱帝而治，此布衣馳騖之時而游說者之秋也。……久處卑位，困苦之地，非世而惡利，自託於無為，此士之情也。故斯將西說秦王矣。」（史記李斯列

傳）

韓非李斯，俱為荀卿弟子，惟非不見用於世，故立言而不立功，李斯見用於秦，故立功而未立言，非乃法家思想之理論家，斯則為法家思想之實踐家⑥。韓非有書傳世，其學受荀卿之影響，尚有迹可尋；李斯無書，然其議欲使天下別黑白，定一尊，同文同軌之制，無非荀子之敎也⑦。

李斯從荀子學帝王之術，但因人格素養與人生觀之偏頗，所以太史公曰：「斯知六藝之歸，不務明政以補主上之缺，持爵祿之重，阿順苟合，嚴威酷刑。」故終為二世所殺。然而「李斯以閭閻歷諸侯，入事秦，因以瑕釁，以輔始皇，卒成帝業。」又統一中國，可謂最顯赫之政治家。其所受荀子影響，應從「統一思想」與「督責之術」兩方面言之。

㈠統一思想　思想之統一，本為治國之要策。然荀子之世，群雄割據，戰亂不息，所以是一個混亂的局面；又以「諸侯異政，百家異說，則必或是或非，或治或亂。」（解蔽篇）他對當時的思想紛亂情形，曾有具體的描述，他說：

假今之世，飾邪說，文姦言，以梟亂天下，矞宇嵬瑣，使天下混然不知是非治亂之所在者有人矣。（非十二子篇）

聖王沒，天下亂，姦言起，君子無勢以臨之，無刑以禁之。（正名篇）

此二則言論，說明當時社會，鼓吹邪說姦言，擾亂天下視聽的大有人在。然而聖王已沒，奸言四起，君子既無權勢統治，也無刑罰禁止。因此要「明君臨之以勢，道之以道，申之以命，章之以論，禁之以刑。」（正名篇）目的就是要統一思想。他說：

> 一天下，財萬物，長養人民。兼利天下，通達之屬，莫不從服，六說者立息，十二子者遷化，則聖人之得勢者，禹舜是也。（非十二子篇）

李斯承襲荀子這種思想，在政治上採取的措施，比較激烈，史記如此記載李斯的話說：

> 丞相李斯曰：五帝不相復，三代不相襲，各以治，非其相反，時變異也。……古者天下散亂，莫之能一，是以諸侯並作，語皆道古以害今，飾虛言以亂實，人善其所私學，以非上之所建立。今皇帝幷有天下，別黑白而定一尊。私學而相與非法教，人聞令下，則各以其學議之，入則心非，出則巷議，夸主以為名，異取以為高，率群下以造謗。如此弗禁，則主勢降乎上，黨與成乎下，禁之便。臣請史官非秦紀皆燒之。非博士官所職，天下敢有藏詩、書、百家語者，悉詣守、尉雜燒之。有敢偶語詩書者棄市。以古非今者族。吏見知不舉者與同罪。令下三十日不燒，黥為城旦。所不去者，醫藥卜筮種樹之書。若欲有學法令，以吏為師。（史記秦始皇本紀三十四年）

戰國之世，百家雜陳，各家短長，荀子已有定論。韓非亦謂孔墨之後，儒分爲八，墨離爲三，各以其所學，評騭時事得失，誠如李斯所言「私學而相與非法敎，人聞令下，則各以其學議之」，學派不同，立論有別，因此思想岐異。始則「異取以爲高」，終則「黨與成乎下」。李斯之強硬作法，本乎荀子之說，而用法家之威勢，造成歷史上焚書坑儒之慘劇也。

(二)督責之術　秦之重法，始自商鞅。荀子亦有「治則刑重、亂則刑輕」（正論篇）之言，此本爲法家共有之思想，而李斯則依此轉爲督責之術，試觀其上書答二世之言說：

> 夫賢主者，必且能全道而行督責之術者也。督責之，則臣不敢不竭能以徇其主矣。此臣主之分定，上下之義明，則天下賢不肖莫敢不盡力竭任以徇其君矣。是故主獨治天下而無所制也。……故韓子曰：慈母有敗子而嚴家無格虜者，何也？則能罰之加焉必也。故商君之法，刑棄灰於道者。夫棄灰，薄罪也，而被刑，重罰也。彼唯明主為能深督輕罪。夫罪輕且督深，而況有重罪乎？故民不敢犯也。……明主聖王之所以能久處尊位，長執重勢，而獨擅天下之利者，非有異道也，能獨斷而審督責，必深罰，故天下不敢犯也。……若此則謂督責之誠，則臣無邪，臣無邪則天下安，天下安則主嚴尊，主嚴尊則督責必，督責必則所求得，所求得則國家富，國家富則君樂豐。故督責之術設，則所欲無不得矣。群臣百姓救過不給，何變之敢圖？若此則帝道備，而可謂能明君臣之術矣。雖申、韓復生，不能加也。（史記李斯列傳）

司馬貞史記索隱云：「督者，察也。察其罪，責之以刑罰也。」⑧李斯行督責之術的作用有二：一曰天下賢不肖莫敢不盡力竭能，以徇其君；二曰群臣百姓救過不給，何變之敢圖。易言之，督責之術，實乃君主馭臣之術。荀子有兼術之說，以德兼人，以力兼人，以富兼人，然歸之以禮凝士，謂之大凝。李斯之術，乃出之以嚴刑，其背離師說之精神也遠矣。

第二節 間接影響漢政

劉向敍錄云：孫卿不用於世，老於蘭陵，嫉濁世之政，亡國亂君相屬，不遂大道，而營於巫祝，信禨祥。鄙儒小拘，如莊周等，又滑稽亂俗，於是推儒墨道德之行事，興壞序列。著書數萬言而卒。

荀子一生，終未見重用，而其宗經傳道之功，却爲後世所肯定。其隆禮重法的政治思想，不僅波及秦政，即兩漢陸賈以還諸家之政論，亦深受影響。

一、**陸賈** 陸子之學，介乎儒家仁義與道家無爲之間，並取荀韓法家之說，以應當時實際環境之需要，故能開兩漢儒道並行互用，並啓爾後陽儒陰法之契機⑨。所以其論治，既要行仁義之政，又要以中和爲用。他說：

> 仁義充塞宇宙，化育萬物，故行仁義，可修身，可治國平天下；若失仁背義，政治必昏暗，國至敗亡。故為政者宜知人善任，以德化民，端正言行，杜絕利慾，以詩書仁

義教。（新語道基篇）

> 道以修德為上，行以仁義為本，君子篤於義而薄於利，敏於行而愼於言。（新語本行篇）。

言義而兼利，亦荀子之遺緒，尤其將「五經六藝」列爲敎育之內容，意在擷取古籍精華，以爲施政南針，乃儒家一貫主張。惟其在實踐方法上，又重無爲之治。又說：

> 夫道莫大於無為，行莫大於謹敬，何以言之？昔虞舜治天下，彈五弦之琴，歌南風之詩，寂若無治國之意，莫若無憂民之心，然天下治。……秦非不欲為治，然失之者，乃舉措暴衆而用刑太極故也。是以君子尚寬舒以苞身，行中和以統遠，民畏其威而從其化，懷其德而歸其境，美其治而不敢違其政，民不罰而畏罪，不賞而歡悅，漸漬于道德，被服於中和之所致也。（新語無為篇）

> 夫法令者所以誅惡，非所以勸善，故曾閔之孝，夷齊之廉，豈畏死而為之哉？教化之所致也。（同前）

陸子之無爲，乃異於老子之無爲而治，其所行者而無不有爲也。他說「夫形重者則身勞，事衆者則心煩。心煩者，則刑罰縱橫而無所立。身勞者，則百端廻邪而無所就。」（新語至德篇）秦政之失，在於舉措暴衆而用刑太極。觀夫法以誅惡而不能勸善，勸善實有賴禮義之敎化。荀子則說：「至道大形，隆禮至法則國有常。」（君道篇）蓋禮義敎化，有時而窮，故須以慶賞刑罰，以補禮義敎化之不足也。陸子論政所持諸義，多類荀子之言，所異者惟不主性惡耳。

二、賈誼　賈生論治道，亦主以禮義敎化爲先，刑罰在後。他說：

> 凡人之智能見已然，不能見將然。夫禮者禁于將然之前，而法者禁于已然之後，是故法之所用易見，而禮之所為難知也。若夫慶賞以勸善，刑罰以懲惡，先王執此之政，堅如金石；行此之令，信如四時，據此之公，無私如天地耳，豈顧不用哉？然而曰禮云禮云者，貴絕惡於未萌，而起于微眇，使民日遷善遠罪而不自知也。（新書定取舍篇）。
>
> 人主之所積，在其取舍。刑罰積而民怨背，禮義積而民和親。故世主欲民之善同，而所以使民善者或異。或道之以德敎，或毆之以法令。道之以德敎者，德敎洽而民氣樂；毆之以法令者，法令極而民風哀；哀樂之感，禍福之應也。（新書定取舍篇）

賈生言禮者禁於將然之前，法者禁於已然之後，即爲政者當先以禮義敎化於民，使之知積善便能去姦止邪，防患于未然；法固能禁暴止惡，惟其重在事情發生後之彌補。故「事前用禮，事後用法」，是其論爲政之方法也。積禮義而民和親，積刑罰而民怨背；道之以禮敎則民氣樂，毆之以法令則民氣哀；民哀樂之感，是國家禍福之所繫。荀子嘗云：「故賞慶刑罰勢詐之爲道者，傭徒粥賣之道也。」（議兵篇）法者，治國之具，惟不可專恃刑罰也。綜觀賈生亦承孔荀

「道之以德，齊之以禮」，而後「道之以政，齊之以刑」之餘緒者也。

三、董仲舒　董子爲西漢醇儒，劉向以爲有王佐之材，其論政治，從人性說起，他說：

> 性比於禾，善比於米，米出禾中，而禾未可全為米也。善出於性中，而性未可全為善也。……性如繭如卵……繭有絲，而繭非絲也。卵有雛，而卵非雛也。比類率然，有何疑焉！（春秋繁露深察名號篇）

觀此則董子論性遠離孟子而接近荀卿也。善固出於性，而性未可全爲善也。此乃人之本質，人之本質有性、有情，其中含有善端，然未必是本然之善，有時須加人力，使之爲善，此即荀子「待事後而然」者也。其旨在闡明人之情性，非有本然之善，即使有之，也未必出自內心，須由人力，乃自外作。此受荀子人爲主義之影響也。荀子以情欲爲性，混性情爲一談，董子亦然者也⑩。至於人君治國之道，董子亦同於荀卿，俱以爲人有好惡之情欲，故一方面要用刑賞以勸善罰惡，另一方面要以禮義敎化以止姦防邪而美習俗。他說：

> 夫禮，體情而防亂者也。民之情不能制其欲，使之度禮，目視正色，耳聽正聲，口食正味，身行正道，非奪之情也，所以安其情也。（春秋繁露天地篇）

禮者，有體情防亂，賞以勸善，罰以制惡之功能。其作用在於敎化。正如荀子說「先王惡其亂也，故制禮義以分之，以養人之欲，給人之求。」（禮論篇）由此可見，董子之治道思想，承諸荀子者也。荀子說「君者，善群也。」（君道篇）董子亦說「君者群也。」（春秋繁露深察名號篇）其論治道教化重於刑罰，其論人之情欲應合於禮法，立大學，設庠序，育化英俊之士，罷黜百家，獨尊儒術，實現思想統一之政治措施，豈非師荀子之意而何?!

四、劉向　劉子論政，近乎荀子。其論爲政之道，以德敎爲首，威脅次之，然後刑殺。他說：

> 政有三品，王者之政化之，霸者之政威之，彊者之政脅之，夫此三者，各有所施，而化之為貴矣。夫化之不變，而後威之；威之不變，而後脅之；脅之不變，而後刑之。夫至于刑者，則非王者之所得已也。是以聖王先德敎而後刑罰。立榮恥而明防禁，崇禮義之節以示之，賤貨利之弊以賤之，修近理內政橛機之禮，壹妃匹之際，則莫不慕義禮之榮，而惡貪亂之恥，其所由致之者，化使之然也。（說苑政理篇）

> 國家之危安，百姓之治亂，在君行之賞罰也。賞當，則賢人勸。罰得，則姦人止。賞罰不當，則賢人不勸；姦人不止。姦邪比周，欺上蔽主，以爭爵祿，不可不慎也。（說苑君道篇）

劉子以爲「治國有二機，刑法是也」，故主先德而後刑，並以爲人情之好惡，乃相對而生，亦應因人情之好惡而善行賞罰，依皋陶「罪疑惟輕，功疑爲重」（尚書大禹謨）之言，反對法家輕罪重刑。此與荀子用賞以勸，用刑以戒之旨不謀而合也。

五王符　王符論治道，乃受荀子「非亂是無法也」（修身篇）之啓廸。如潛夫論斷訟篇云：

先王因人情喜怒之所不能已者，則為之立禮制而崇德讓；人所可已者，則為之設法禁而明賞罰。今市賣勿相欺，婚姻無相詐，非人情之不可能者也，是故不若立義順法，遏絕其原，初雖慙恡于一人，然其終也，長利于萬世。小懲而大戒，此所以全小而濟頑凶也。夫立法之大要，必令善人勸其德而樂其政，邪人痛其禍而悔其行。

觀夫此論，乃取於荀子性惡之論者。荀子云：

今人之性，生而有好利焉，順是，故爭奪生而辭讓亡焉；生而有疾惡焉，順是，故殘賊生而忠信亡焉；生而有耳目之欲，有好聲色焉，順是，故淫亂生而禮義文理亡焉。然則從人之性，順人之情，必出於爭奪，合於犯分亂理，而歸於暴。故必將有師法之化，禮義之道，然後出於辭讓，合於文理，而歸於治。（性惡篇）

荀子論治，其視人性爲惡，以爲偏險而不正，悖亂而不治，是以爲之起禮義，制法度，以矯飾人之情性而正之，以擾化人之情性而導之。始出於治，合於道者也。王符由此啓示，認爲「法令賞罰者，誠治亂之樞機也。」（潛夫論三式篇）是其來有自也。

六荀悅　荀悅論政治之術，要先屏四患，然後再崇五政。所謂四患：一曰僞，二曰私，三曰放，四曰奢。僞亂俗，私壞法，放越軌，奢敗制。四者不除，則政末曰行矣。所謂五政：興農桑以養其性，審好惡以正其俗，宣文教以彰其教化，立武備以秉其威，明賞罰以統其教。荀氏論道，雖以仁義爲歸旨，但亦兼尚法教。如其五政中之「明賞罰以統其法」，即以刑罰爲治之本。他說：

> 賞罰、政之柄也。明賞必罰，審信慎令，賞以勸善，罰以懲惡。人主不妄賞，非徒愛其才也，賞妄行則善不勸矣；不妄罰，非矜其人也，罰妄行則惡不懲矣。賞不勸謂之止善，罰不懲謂之縱惡，在上者能不止下為善，不縱下為惡，則國法立矣。（申鑒政體篇）

「政之柄」，韓非子曰：「二柄者，刑，德也。殺戮之謂刑，慶賞之謂德。」（二柄篇）賞以勸善，罰以懲惡，賞罰不行，則國法不立，何能治國？此即荀子之：

> 賞不當功，罰不當罪，不祥莫大焉。……刑稱罪則治，不稱罪則亂，故治則刑重，亂則刑輕。犯治之罪固重，犯亂之罪固輕也。書曰：刑罰世輕世重。此之謂也。（正論篇）

綜觀荀氏論政，既以仁義爲歸，亦以法敎爲本，特其貌異耳。文心雕龍諸子篇，嘗推論諸子，謂兩漢以後，雖明乎坦塗，而類多依采：「依者，依乎荀子，采者，採乎申韓。」⑪此其重罰思想之源頭也。

七、徐幹

徐幹著中論一書，其審大臣篇中，極爲推崇荀子。他說：

> 昔荀卿生乎戰國之際，而有叡哲之才，祖述堯舜，憲章文武，宗師仲尼，明撥亂之道，然而列國之君以為迂濶，不達時變，終莫之肯用也。

其同情荀子不見用於世，以爲別於游說之士，其思想傾向荀子可知⑫。故中論賞罰篇論之說：

> 政之大綱有二：二者何？賞罰之謂也。人君明乎賞罰之道，則治不難矣。夫賞罰者不在乎必重，而在於必行。必行則雖不重而民戒，不行則雖重而民怠。故先王務賞罰之必行。……夫當賞者不賞，則為善者失其本望，而疑其所行；當罰者不罰，則為惡者輕其國法，而怙其所守。苟如是也，雖日用斧鉞於市，而民不去惡矣，日錫爵祿於朝，而民不興善矣。是以聖人不敢以親戚之恩而廢刑罰；不敢以怨讎之忿而廢慶賞。

徐子於道，遵奉孔子，而其論政，似趨於荀卿之禮法務實。其學術之淵源，或即承荀子之學尙功重禮也⑬。故駱建人先生說：「其以聖道爲本，禮法爲翼，厚望後王，一本先王心法者，自與申韓異趣，楊墨逕庭也。」（徐幹中論研究）

八仲長統

仲氏生年與漢祚同終。嘗著昌論一書，凡三十四篇，十餘萬言。其每論古今及時俗行事，恒發嘆息⑭。其論治道，雖以德敎爲主，亦認應以刑罰爲輔。諸子治要，有其言論一則，足以說明其政治思想之傾向。他說：

德教者，人君之常任也；而刑罰為之佐助焉。古之聖帝明王以能親百姓，訓五品，和萬邦，蕃黎民，召天地之嘉應，降鬼神之靈吉者，實德為是，而非刑之攸致也。至于革命之期運，非征伐用兵，則不能定其業；姦宄之成羣，非嚴刑竣法，則不能破其黨，時勢不同，所用之數亦宜異也。教化以禮義為宗，禮義以典籍為本，常行於百世，權宜用於一時，所不可得而易者也。

亂世爭奪天下，非用兵征伐，不能定其業；姦宄成群爲惡，則非嚴刑峻法，不能破其黨，時勢不同，亦應用不同的處置方法，此乃一般常理。惟「教化以禮義爲宗，禮義以典籍爲本」，已近乎荀子之說。荀子主以禮義教化勸之，以刑罰禁之，其影響及乎仲氏，不言可知也。

綜觀兩漢政治思想與治道，可謂荀子禮法政治思想之實現，故荀子所影響於漢代，可謂至深且大矣。

【附　註】

①徐平章　荀子與兩漢儒學頁一二九。

②同注①　頁一三一。

③韋政通　荀子與古代哲學頁二一五。
④張素貞　韓非子思想體系頁四三。
⑤同註④　頁四四。
⑥薩孟武　中國政治思想史頁一五八。
⑦同註①　頁一三一。
⑧司馬貞　見史記李斯列傳註頁二五五四。
⑨同註①　頁一八九。
⑩同註①　頁一三七。
⑪同註①　頁二〇三。
⑫同註①　頁二〇五。
⑬同註①　頁二〇六。
⑭後漢書仲長統傳。

結論

荀子學說的全部，可以一個「禮」字概括。蓋以其討論人間百事，宇宙萬物，無不以「禮」爲衡量是非之標準。正如敍言中所說，禮是一切的總規範，故其政治學說，也涵攝在禮的範圍之內。其由崇禮而建立「禮義之統」，進而發明「天生人成」理論，爲孔子的外王思想，做了客觀而深入的發揮，使儒家學說的理論，達到一個堅實而又鞏固的地位，也使他在中國哲學領域中，成爲一個特殊的人爲主義者①。

荀子的政治理論，是以「禮義之統」爲最高指導原則，並運用在社會政治事務上藉以解決人類所面臨的生存問題。故其政治原理，首先揭示者卽爲禮治，禮之基礎爲「分」，人間一切事務有分之後，即能各得其宜，無所不適。其次法治，法乃典章制度政令法規之總稱，非專指刑罰，其作用在補禮義之不足。故以人治爲本，法治爲末，賞罰只是爲治手段之一，其最後歸趣，仍以禮義教化爲主，使人從根本上消除犯法的意念。其三群治，荀子以爲能群是人類的特色，群居的目的，在於保障人類生命財產之安寧，達成此一目的方法，須要有合理的社會組織，使人依其才能高低，盡其義務，享其權利，藉以達到至平社會的目的。其四民本，民本思想，孟子鼓吹倡導於前，荀子發揚光大於後，俱以人民爲政治之主體，故要平政愛民，隆禮敬士，任賢使能，以期達到實現王道政治的目的。

荀子的政治方術，首言善群四統乃爲政不可或缺，四統之要：㈠爲足衣食、安居處，使人生活無虞；㈡要立法制、辨上下，使政府官吏制度化；㈢要審材能、授官職，用人要適材適所；㈣要列文章、辨等差，以鼓勵人心向善。四者具而天下歸之，即所謂善群者也②。次論人君爲政：㈠要修身，以求其人格之完美無缺；㈡要愛民，不只滿足其生活需要，更要富之而後教之；㈢要任賢，務使德必稱位，位必稱祿；三論爲人臣之道，臣之品類參差不齊，爲治結果互異，聖臣事君原則爲「從道不從君」，故卿相輔佐得人與否，關乎治亂安危；四論治國之道，或盛或衰、或治或亂、或存或亡，皆視爲政者之治術而定。故荀子分國爲王、霸、危三等，衡量得失，必然尊王黜霸，惟其如此，天下才能獲致太平；五論富國裕民，曰足國之道，善藏其餘，行之之法，曰上下俱得其位，人力得其事、守其分、各盡其職，而財用自足。故既重農業發展，亦需振興工商，如此才能互通有無，繁榮社會；六論軍事，以仁義爲本，不尚權謀變詐。用兵之要，在於附民一民，士兵親附，則上下一心，三軍同力，此即仁人之兵，王者之志，故無敵於天下。議兵而又論兼併之術有三，故曰：以德服人者王，以力兼人者弱，以富兼人者貧。以上六者，爲荀子治術之大端，雖未必盡其精義，而其輪廓，則盡於此矣。

【附註】

①張其昀　戰國史後編頁五四。

②吳　康　參孔孟荀哲學卷三頁五五至六〇。

參考文獻

壹、荀子注疏與論著

甲、書目

荀子注　唐　楊倞　中華書局四部備要（民48.年）

荀子集解　清　王先謙　世界書局（民67.8.）

荀子簡釋　梁啟雄　華正書局（民64.9.）

新譯荀子讀本　王忠林　三民書局（民63.1.）

荀子今註今譯　熊公哲　商務印書館（民73.3.）

荀子集釋　李滌生　學生書局　（民68.2）
荀子新註　北大哲學系　里仁書局　（民72.11.）
荀子詁譯　楊柳橋　齊魯書社　（民74.2）
荀子補釋　劉師培　京華書局　（民59.10.）
荀子校補　劉師培　京華書局　（民59.10.）
荀子詞例舉要　劉師培　京華書局　（民59.10.）
荀子訂補　鍾泰　京華書局　（民59.10.）
荀子斠證　阮廷卓　越秀山房　（民48.年）
荀子斠理　王叔岷　世界書局　（民53.年）
荀子集解訂補　潘重規　師大學報一期　（民56.年）
荀子論集　龍宇純　學生書局　（民76.4.）
荀子校補　趙海金　大陸雜誌廿一卷三期　（民49.8.）
荀子校釋　趙海金　大陸雜誌廿三卷九期　（民50.11.）
荀子補遺　趙海金　大陸雜志廿四卷七期　（民51.4.）
荀卿學案　熊公哲　商務印書館　（民59.8.）
荀子學說　胡韞玉　成文荀子集成　（民13.年）

荀子哲學　陳登原　世界書局　（民45年）

荀子研究　陶師承　上海大東書局　（民15年）

荀子學說研究　楊大膺　上海中華書局　（民20年）

荀子研究　楊筠如　商務印書館　（民55.8.）

荀子哲學綱要　劉子靜　商務印書館　（民55.8.）

荀學大略　牟宗三　中央文物供應社　（民42.12.）

荀子學說　陳大齊　中華文化事業出版社　（民43.7.）

荀子通論　嵇　哲　香港友聯出版社　（民48年）

荀子與古代哲學　韋政通　商務印書館　（民55.9.）

荀子思想體系　姜尚賢　協益印刷局　（民55.8.）

荀子要義　周紹賢　中華書局　（民66.3.）

荀子哲學　許鈞儒　大學文選社　（民67年）

荀子學說析論　鮑國順　華正書局　（民71.6.）

荀子思想研究　周群振　文津出版社　（民76.4.）

荀子哲學思想　魏元珪　谷風出版社　（民76.12.）

荀子成聖成治思想研究　劉文起　復文書局　（民72.4.）

荀子教育思想　余家菊　上海中華書局　（民23.12.）
荀子禮學之研究　陳飛龍　文史哲出版社　（民68.4.）
荀子知識論研究　趙文秀　維邦印刷公司　（民63.5.）
荀子政治思想研究　陳正雄　文津出版社　（民69.8.）
荀子文論研究　楊鴻銘　文史哲出版社　（民71.1.）
荀子與兩漢儒學　徐平章　文津出版社　（民77.2.）
荀子學述　韋日春　蘭台書局　（未印）
中國歷代思想家　王壽南編　商務印書館　（民67.6.）

貳、思想史及專門論著

中國哲學原論　唐君毅　學生書局　（民67.6.）
中國古代哲學史　胡　適　商務印書館　（民59.4.）
中國哲學史　馮友蘭　未　印　（未印）
新編中國哲學史　勞思光　三民書局　（民60.8.）
中國哲學思想史　羅　光　先知出版社　（民64.8.）

先秦政治思想史　梁啟超　中華書局　（民66.3.）

先秦政治思想　王雲五　商務印書館　（民58.8.）

中國政治思想史　薩孟武　三民書局　（民66.8.）

中國政治思想史　張金鑑　三民書局　（民78.11.）

中國政治思想史　蕭公權　聯經出版公司　（民74.7.）

孔孟荀哲學　吳　康　商務印書館　（民60.7.）

孔孟荀哲學證義　黃公偉　幼獅文化公司　（民64.1.）

孔孟荀哲學　蔡仁厚　學生書局　（民73.12.）

讀子卮言　江　瑔　上海商務印書館　（民15年）

諸子通考　蔣伯潛　正中書局　（民59.7.）

先秦諸子繫年　錢　穆　三民書局　（民64.3.）

先秦諸子學　嵇　哲　洪氏出版社　（民71.1.）

政道與治道　牟宗三　學生書局　（民69.4.）

孟荀道德哲學　魏元珪　谷風出版社　（民76.5.）

孟荀道德實踐理論之研究　何淑靜　文津出版社　（民77.1.）

中國人性論史　徐復觀　商務印書館　（民64.1.）

中國文化與中國法系　陳顧遠　三民書局　（民66.2）

六十年來之國學子部―荀子　饒　彬　正中書局　（民61.5）

周秦漢魏諸子知見書目卷三荀子部　嚴靈峰　正中書局　（民66.11）

中國經濟思想史　侯家駒　中央文物供應社　（民71.4）

中國社會思想史　張承漢　三民書局　（民75.3）

叁、經籍類及論著

周易卦爻辭釋義　李漢三　中華叢書編審委員會　（民58.6）

尚書釋義　屈萬里　商務印書館　（民66.4）

春秋左傳註　楊伯峻　源流文化公司　（民71.4）

禮記集解　孫希一　文史哲出版社

論語會箋　徐　英　正中書局　（民54.3）

論語思想體系　邱鎮京　文津出版社　（民70.7）

孟子會箋　溫晉城　正中書局　（民59.7）

孟子學說體系探賾　駱建人　文津出版社　（民77.9.）
四書集註　朱熹　世界書局　（民55.3.）
四書釋義　錢穆　中華文化事業出版社　（民54.10.）

肆、史籍類

史記　司馬遷　世界書局　（民62.12.）
前漢書　班固　世界書局　（民63.5.）
後漢書　范曄　世界書局　（民63.5.）
國語　左丘明　中華書局　（民54.年）
戰國策　劉向　中華書局　（民54.年）
戰國史前編　張其昀　文化學院出版部　（民69.8.）
戰國史後編　張其昀　文化學院出版部　（民69.9.）

伍、子書類及論著

韓非子集解 陳奇猷 世界書局 （民61.6.）
韓非思想體系 張素貞 黎明文化公司 （民74.10.）
商君書新校 嚴萬里 世界書局 （民63.7.）
老子道德經註 王弼 世界書局 （民63.7.）
老子的哲學 王邦雄 東大圖書公司 （民72.9.）
莊子集釋 郭慶安 華正書局 （民76.6.）
莊子思想及其藝術精神之研究 鄭峰明 文史哲出版社 （民76.10.）
諸子治要第三編 張文治 中華書局 （未印）

陸、集類及論著

新語—諸子集成 陸賈 世界書局 （民63.7.）
中國歷代思想家—陸賈 王更生 商務印書館 （民67.6.）
新書—諸子集成 賈誼 世界書局 （民63.7.）

賈誼研究　蔡廷吉　文史哲出版社　（民73.7.）
潛夫論箋—諸子集成　王符　世界書局　（民63.7.）
中國歷代思想家—王符　王關仕　商務印書館　（民67.6.）
申鑒—諸子集成　荀悅　世界書局　（民63.7.）
中國歷代思想家—荀悅　張美煜　商務印書館　（民67.6.）
中論—諸子集成　徐幹　世界書局　（民63.7.）
徐幹中論研究　駱建人　商務印書館　（民63.7.）
董仲舒春秋繁露義證　蘇輿　河洛圖書公司　（民64.10.）
董仲舒政治思想研究　賴慶鴻　文史哲出版社　（民70.4.）
中國歷代思想家—仲長統　楊昌年　商務印書館　（民67.6.）

乙、論文

壹、綜論

荀子之人本哲學　黃建中　學術季刊三卷三、四期（民44.4.）
荀子學術淵源及其流衍　周虎林　師大國研所集刊八期（民53.6.）
荀子思想體系　蔡仁厚　華學月刊四八期（民62.12.）
荀子在儒家之地位及其中心思想　張柳雲　中華文化復興月刊第九期（民58.9.）
荀子學說概述　劉漢德　孔孟月刊十一卷四、五期（民61.12.～62.1.）
荀子傳略考　邱擎天　華岡學報七期（民62.7.）
荀子在我國思想史之地位　楊日然　法律學刊第四期（民58.6.）
荀子哲學思想　吳　康　孔孟學報十五期（民57.4.）

貳、天論

荀子的自然學說　饒　彬　新天地二、三期合刊（民57.5.）
荀子的自然論　李滌生　民主評論十卷二十期（民53.11.）
荀子的天論　羅　光　東方雜志八卷十期（民64.4.）
荀子的天論　薛保綸　哲學與文化九期（民65.11.）
荀子天論的思想　魏玲珠　崑山工專學報二期（民65.10.）

荀子天道觀及其在中國古代天道思中的地位　黃俊傑　國立編譯館館刊一卷四期　（民61.12.）

從「天生人城」原則看荀子的「天論和性論」　林麗貞　孔孟月刊十三卷三、四期　（民63.11.～12.）

荀子天道思想對現代化的意義　黃淑麗　孔孟月刊十八卷三期　（民68.11.）

先秦諸子對天的看法　許倬雲　大陸雜誌十五卷二、三期　（民46.7.8.）

荀子對傳說迷信之態度　胡世英　孔孟月刊十四卷九期　（民65.5.）

叁、性論

荀子性論思想研究　吳振隆　輔大哲研所碩士論文　（民62.年）

荀子性論研究　楊美臻　文化中研所碩士論文　（民64.年）

荀子的性惡論　李滌生　民主評論十五卷十七、十八期　（民59.10.）

荀子性惡思想的剖析和批評　吳　怡　建設雜誌八卷一期　（民48.6.）

荀子性惡論的批判　張靜二　幼獅月刊四十六卷五期　（民66.11.）

荀子性論研究　饒　彬　師大國文學報四期　（民64.6.）

荀子性惡說述評　谷照瑞　復興崗學報七期　（民58.12.）
荀子性惡論初探　林金泉　孔孟學報四十二期　（民70.9.）
荀子論性　王孺松　師大國文學報五期　（民65.6.）
荀子性惡論之我見　周天令　孔孟月刊二十一卷十一期　（民72.7.）
荀子性惡論之研究　鄧國輝　中華文化復興月刊八卷九期　（民64.9.）
從現代人格心理學的理學的理論看孟荀人性論之說法　陳慶文　新天地三卷十期　（民53.12.）
從性論看荀子的道德論　王佩儀　珠海學報十一期　（民69.10.）
荀子對人性的認知及其問題　張　亨　文史哲學報二十期　（民60.6.）

肆、禮樂論

荀子禮論之研究　楊運生　師大國研所集刊十七期　（民62.6.）
荀子禮法思想之研究　陳適庸　台大法研所碩士論文　（民63.年）
荀子禮分思想之研究　吳清琳　師大國研所集刊二十一期　（民66.6.）
荀子禮法的特色及其歷史意義　楊日然　台大法學院社會科學論叢23.輯　（民64.4.）

荀子禮治思想　沈添成　華岡法科學報一期（民67.4.）
荀子禮義之統思想研究　李哲賢　文化大學中研所碩士論文（民71.年）
荀子禮學的淵源　饒　彬　師大國文學報一期（民61.6.）
荀子對禮學的重要建設　饒　彬　師大國文學報十九期（民63.6.）
荀子禮治思想之研究　賴慶鴻　政大政治研究所碩士論文（民60.年）
透視荀子禮治主義　熊公哲　食貨月刊三卷十二期（民63.3.）
荀子論禮樂　吳　康　孔孟學報二十期（民59.9.）

伍、其他

荀子的政治思想探微　陳伯鏗　復興崗學報三十六期（民75.12.）
荀子論君臣　吳　康　孔孟學報二十一期（民60.4.）
荀子論王霸　吳　康　孔孟學報二十二期（民60.9.）
荀子政論思想研究　林比文　輔大中研所碩士論文（民64.年）
荀子的政治思想　張金鑑　孔孟月刊二十卷六期（民71.2.）
荀子的政治思想　羅漢文　政治評論四十卷三期（民71.4.）

荀子的經濟思想　羅漢文　政治評論四十卷四期（民71.5.）

荀子的禮樂思想　羅漢文　政治評論四十卷五期（民71.6.）

荀子思想中的「法」　施銘燦　高雄師院學報十三期（民74.3.）

荀子尊君貴民思想　施銘燦　高雄師院學報十六期（民77.3.）

荀子名學發凡初稿　陳大齊　文史哲學報二期（民40.2.）

荀子對人格的分析　王忠林　南洋大學學報三期（民58年）

荀子書中的人生境界之探討　張光甫　高雄師院學報四期（民65.1.）

荀子非思孟五行說考　陸鐵乘　師大國文學報五期（民65.6.）

荀子在中國哲學史中的關鍵地位及現代意義　項退結　哲學與文化九卷十一至十二期（民71.11.）

荀子隆禮義而殺詩書義疏　周天令　孔孟月刊廿六卷一期（民76.9.）

讀荀管見　周天令　孔孟月刊廿八卷四期（民78.12.）

荀子群論略探　洪燕梅　孔孟月刊廿九期三・四期（民79.11.12.）